U0454650

作者简介

李飞，安徽砀山县人，华东师范大学教育学系毕业，获教育学博士学位，江苏省高校“青蓝工程”优秀青年骨干教师，江苏省“333高层次人才培养工程”第三层次培养对象，江苏省高校“青蓝工程”中青年学术带头人。现为徐州幼儿师范高等专科学校教授，幼教研究所所长，江苏省学前教育学会家庭教育专业委员会主任，主要研究方向为学前教育、家庭教育等。著作：《学校变革中的教师领导与管理》《幼儿成长：共同的责任》，近几年发表核心期刊数十篇，其中4篇被人大复印资料全文转载。

徐州幼儿师范高等专科学校学术著作出版基金资助项目

今天我们如何做家长

李 飞 著

中国矿业大学出版社
·徐州·

图书在版编目(CIP)数据

今天我们如何做家长 / 李飞著. —徐州:中国矿业大学出版社,2022.4

ISBN 978-7-5646-5208-1

Ⅰ.①今… Ⅱ.①李… Ⅲ.①家庭教育—通俗读物 Ⅳ.①G78-49

中国版本图书馆 CIP 数据核字(2021)第 230516 号

书　　名 今天我们如何做家长

著　　者 李　飞

责任编辑 史凤萍

出版发行 中国矿业大学出版社有限责任公司

(江苏省徐州市解放南路　邮编 221008)

营销热线 (0516)83885370　83884103

出版服务 (0516)83995789　83884920

网　　址 http://www.cumtp.com　**E-mail**:cumtpvip@cumtp.com

印　　刷 徐州中矿大印发科技有限公司

开　　本 710 mm×1000 mm　1/16　**印张** 12.75　**字数** 209 千字

版次印次 2022 年 4 月第 1 版　2022 年 4 月第 1 次印刷

定　　价 48.00 元

序言：用心做一名智慧型家长

2021年10月23日，十三届全国人大常委会第三十一次会议表决通过了《中华人民共和国家庭教育促进法》，并确定于2022年1月1日起正式施行。这是我国首次就家庭教育进行专门立法，也意味着今后“依法带娃”“科学养育”有了遵循。该法第十四条规定：“父母或者其他监护人应当树立家庭是第一个课堂、家长是第一任老师的责任意识，承担对未成年人实施家庭教育的主体责任，用正确思想、方法和行为教育未成年人养成良好思想、品行和习惯。”这部法律明确了家长的职责，也规定了不履行职责的不利后果，家庭教育由传统的“家事”上升为新时代的重要“国事”。

新的时代需要家长有新的思想、新的理念，需要家长有新的转变。这种转变一方面是因为发生在我们家长身上的家庭教育无法复制，也不可能比葫芦画瓢；另一方面是因为随着孩子的成长，其身心都发生了巨大的变化，期待孩子转变，而家长不转变，仍然固守着过去传统的教育思想，或是“想当然”地认为教育孩子“理应如此”，这些都可能让家庭教育走向死胡同。因此，家庭教育的有效实施，家长（主要是父母）必须要有转变的意识。

家长的转变，首先需要有终身学习的意识。正如《学会生存：教育世界的今天和明天》所指出的：“我们可以说，人永远不会变成一个成人，他的生存是一个无止境的完善过程和学习过程。”家长作为培养和教育孩子的直接责任人，有着更为艰巨的学习任务，要和孩子共同成长。当前各种家庭教育问题层出不穷，更是让家长们认识到终身学习的必要性。时代在变，亲子关系也在变，家长要与时俱进，不断更新自身的知识结构，反思自己的教育行为，提升自身的教育素质。家长终身学习的过程，对于孩子也是一种引领与示范。

其次，家长要遵循一个基本原则，即以身作则、言传身教。家长遵守交通规则，孩子自然不会违反交通规则；家长孝顺长辈，孩子也会看在眼里，记在心上；家长言谈举止有礼貌，孩子一般不会说脏话、行为粗鲁。可以说，家庭教育中家长不需要说太多的话、讲多大的道理，如果家长希望孩子成为一个什么样的人，那就努力做那样的人给孩子看！家长的以身作则更应侧重于对孩子思想品德、行为规范、学会做人的教育以及培养独立生活、自立自强能力的培养，这也正是家庭教育"教子以德"的要义所在。

要做一个什么样的家长？也许很多家长都有此困惑，太严格担心成为"虎妈""狼爸"，过于民主担心孩子没有约束，过于强势或过于弱势都担心会造成孩子性格上的缺陷。其实，"做一个什么样的家长"并没有一个统一的标准，但学会做一个智慧型的家长应该是我们共同的追求。智慧型的家长一般应具备三个方面的特征：对家庭教育本质的正确理解；对自己教育能力的清醒认识；针对孩子的身心发展规律和特点选取科学的教育方法。简而言之一句话，家长要明白家庭教育的本质。

家庭教育的本质是教孩子怎样做人，正如习近平总书记所言："世界上最难的事情，就是怎样做人、怎样做一个好人。要做一个好人，就要有品德、有知识、有责任，要坚持品德为先。"在他看来，家庭教育最重要的是品德教育，只有培养好孩子的品德，孩子才能学会怎样做人，因为优良的品德是做一个好人的基本前提，这涉及家庭教育要"干什么"。清醒认识自己的家庭教育能力，也就是说家长要清楚自己的边界所在：有多少家庭教育知识？有没有时间与精力陪伴孩子？在家庭教育方面还存在哪些不足？自己的优势体现在哪儿？这涉及家长"能干什么"。在此基础上，选择科学合理的方法引导帮助孩子成长。没有最好的，只有最适合的方法，这其实是方法论的精髓，涉及家庭教育"怎么办"。当家庭教育理念与家庭教育能力、方法论相互作用时,智慧型家长也就自然产生。

可以看出,智慧型家长在具体的家庭教育过程中,能根据家庭教育的原理和孩子的成长规律、特点,选择合适的教育方法,妥善处理好各种问题。当然,做智慧型家长是一个动态的发展过程。随着"互联网+"的普及,人工智能也快速崛起,特别是新时代儿童的成长,其获取信息的方式打破了时空的限制,智慧型家长也要加强学习,唯有不断充电,不断充实自己的基本素养,"智慧"才能不贬值,才能与时俱进,才能引领支持孩子走得更远、前行的路更宽。

做一名智慧型家长,其实并不难,难的是我们家长是不是"用心"!

目　录

专题一

回 到 原 点

回到原点，就是要考虑："家庭教育的本质是什么？""我们需要培养什么样的孩子？""家长的言传身教如何发挥应有的作用？"

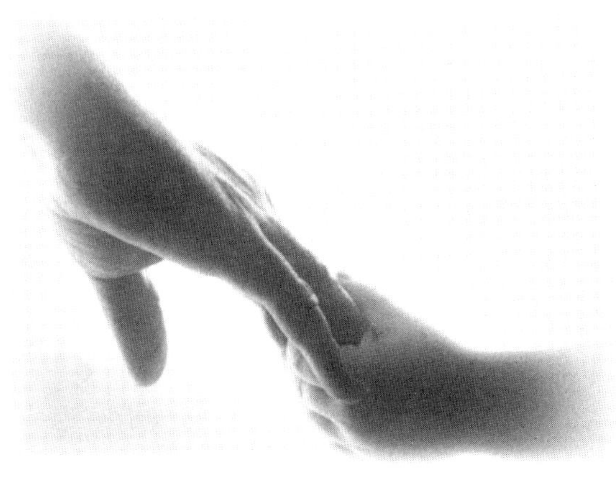

第一节　我们需要培养什么样的孩子

曾有家长很困惑:“我对孩子很用心啊,但我的努力好像没有得到应有的回报。孩子小时候还好,很听话,现在对我说的话很不耐烦,还嫌我唠叨。”这种情况在一些家庭应该不陌生,孩子年龄小的时候可能是一个听话的孩子,但随着孩子自主意识的发展,他们开始有了自己的思想与主见,而此时的家长如果观念还停留在原地,亲子之间不可避免会发生冲突。另外,家长应思考一些基本的问题:我们需要培养什么样的孩子?家庭教育在孩子成长过程中应发挥什么样的作用?作为家长,应该如何对孩子进行言传身教?如果对这些基本问题缺乏思考,我们的家庭教育可能就会偏离正确的方向。

一、新时代家庭教育的培养目标

孩子小的时候,有的能歌善舞,有的活泼可爱,有的让父母引以为傲,也有的是让人羡慕的“别人家的孩子”。可随着孩子的长大,有些家长却发现孩子出了问题:孩子不听话了,有的还开始逃学了,有的“两耳不闻窗外事,一心只读圣贤书”,还有的孩子以优异的成绩考入高等学府却产生了厌学情绪,等等。这让家长们开始怀疑:是自己的教育方法有问题,还是家长的期望不合理?

其实,这与家长们缺乏对儿童培养目标的正确认知有很大关系。什么是好孩子?什么是人格健全的孩子?什么是身心全面发展的孩子?这些问题的答案可能在一些家长的心目中就是“成绩好,一切都好”。这种固化的思维模式导致了家长们推崇孩子的智力发育，过于关注孩子的学习或孩子表面化的行为，但对于孩子的心理健康、性格发展、人际交往等却无形中忽略了。因此，我们需要培养什么样的孩子？我们对这一问题需要进行深入的思考。

未来社会究竟需要什么样的人才？对这一问题的回答需要我们重新审视一下当前社会存在的一些问题：新冠疫情期间在网上随意发帖，散布谣言；被老师批评后跳楼自杀；沉迷网络游戏不能自拔，荒废了学业；因为小矛盾对同学大打出手。显然，这不是我们需要的人才，未来社会需要的一定是拥有健全人格的人。正如蔡元培所言："则欲副爱国之名，其精神不在提倡革命，而在养成完全之人格。盖国民而无完全人格，欲国家之隆盛，非但不可得，且有衰亡之虑焉。造成完全人格，使国家隆盛而不衰亡，真所谓爱国矣。"①

从人格发展的整体性和社会性来看，健康人格成长的过程，可以通过马斯洛的需求层次论加以说明。马斯洛认为，人的需求由生理的需求、安全的需求、归属与爱的需求、尊重的需求和自我实现的需求五个等级构成。一般来说，要在满足低一级需求的前提下，才能满足高一级的需求。五种需求是个体最基本的、与生俱来的，构成不同的等级水平，并成为激励和指引个体行为的力量。

在马斯洛看来，人生而具有趋向健康成长从而发挥其潜力的内在动力。对每一个个体而言，此一内在动力就是他的成长动机，也可视为他的成长意志。马斯洛将自我实现列为最高一层，视之为人格成长的最终目的。所谓自我实现，"是指个体生而具有的内在潜力经由成长过程得以充分展现"②。个体从出生开始，就在"自我实现"的内在潜力促动之下，向预期成为一个对国家、对社会有用人才的目的去"实现自我"。

事实上，在现实生活中有很多人不能自我实现，也有很多人终其一生也未能体悟到自我实现的价值，按照马斯洛理论的解释，这正是因为前一阶段的基本需求未能得到满足，导致后面高一层的需求无法展现。由于自我实现是人格成长的理想境界，因此，健全人格的标准也可以参考如下人格特

① 蔡元培：《蔡元培文录》，商务印书馆2019年版，第122—123页。

② 张春兴：《现代心理学：现代人研究自身问题的科学》，上海人民出版社2009年版，第402页。

质[1]，以此作为个体自我实现的条件。

(1) 了解并认识现实，对世事持有较为实际的人生观。

(2) 悦纳自己，同时也欣赏别人以及周围的世界。

(3) 在情绪与思想表达上较为自然。

(4) 有较为广阔的视野，就事论事，较少考虑个人利害。

(5) 能享受自己的私人生活。

(6) 有独立自主的性格。

(7) 对平凡事物不觉厌烦，对日常生活永感新鲜。

(8) 在生命中曾有过引起心灵震动的高峰经验。(所谓高峰经验，是指在人生追求自我实现的历程中，历经基本需求的追寻并获致满足之后，在自我实现需求层次中，臻于顶峰的一种超越时空与超自我的心灵满足感与完美感。此种心灵满足与完美经验，只有真正的自我实现者才会体验得到。)

(9) 关爱人类并认同自己为全人类成员之一。

(10) 有至深的知交和亲密的家人。

(11) 具民主风范并有尊重别人的气度。

(12) 有伦理观念，能区别手段与目的，绝不为达到目的而不择手段。

(13) 心胸广阔，能容忍异己且有幽默感。

(14) 有创见，不墨守成规。

(15) 对世俗事物和而不同。

(16) 能超脱意识框架，不以两极性的二分法(非此即彼)处理争议性的问题。

总的来说，上述人格特质可以归结为三个层面，即人与自我的关系、人与他人的关系以及人与社会的关系和谐发展。在人与自我的关系方面，人格健全者主要表现为悦纳自己、独立自主、视野开阔、有伦理观念等；在人与他人的关系方面，人格健全者能够较少考虑个人利害，人际关系和谐，尊重别人，能辩证地处理问题；在人与社会的关系方面，人格健全者有强烈的服务社会和奉献社会的意识，能把自己的智慧和能力有效地运用到社会发展的事业上，能够关爱人类并认同自己为全人类成员之一等。不难看出，健全人格的标准就是人与自我、人与他人以及人与社会的平衡、协调，进而使人

---

① 张春兴：《现代心理学：现代人研究自身问题的科学》，上海人民出版社2009年版，第403页。

的才能得以充分发挥。因此，家长应从健全人格入手，来培育未来的优秀人才。

二、人格教育的核心

健全人格与社会主义核心价值观应是密切联系在一起的，社会主义核心价值观不是与生俱来的，需要家长、学校、社会共同携手，把社会主义核心价值观融入家庭生活、办学治校、社区服务等每一个细节、每一个过程之中的方方面面，融入亲子活动、融入课堂生活、融入道德实践。美国人格教育学家托马斯·里坎纳认为，人格教育中最需要传授的价值观是“尊重”和“责任”，它们居于普遍的公共道德的核心地位，它们具有客观的、可以展示的价值，因为它们促进个人的善与整个社群的善。

1. 尊重

“尊重”无疑是现代社会语境下最为关键的道德语词之一。从字源学的意义上进行考察，“尊”之本义是置酒以祭，所祭必为尊者，故引申为敬重、推崇、尊奉、拥戴、尊贵、高贵、高出等义；置酒以祭必用诸种酒器，故“尊”又引申为酒器之总名。[①] “尊”与“重”并用，而与之相近的敬重、尊敬等词在汉语中本来的意义也说明尊重包含着一种对待尊者的内心状态，即祭祀祖先或神祇时的虔敬心理。

在最为普遍和宽泛的意义上，尊重是主体和客体之间的一种关系。在这种关系中，主体从某种角度、以某种适当的方式对客体做出回应。也可以说，人是尊重的主体，因为只有人能够作为一个有情感、有意识的理性存在者，他能够认识事物并具有自我意识，能够对事物做出有目的的响应，能够对事物产生和表达出价值评价。至于尊重的客体，可以是人，如尊重老师、尊重长辈，也可以转化为人的对象，如尊重教育、尊重劳动、尊重知识、尊重规律等。

从整体上来说，尊重既是一种涉及知、情、意三个方面的精神活动，也指一种与文化传统紧密相关的社会现象。因此，尊重作为主体的回应就包括主体以下四个方面的活动[②]。

---

① 董莲池：《说文解字考证》，作家出版社 2005 年版，第 593 页。

② 周治华：《伦理学视阈中的尊重》，复旦大学 2007 年学位论文，第 21—26 页。

一是尊重的认知要素，即主体以特定的方式感知或认识被尊重对象的要求。这就意味着主体要给予客体密切或小心翼翼的关注，并且尽其所能地看清楚该对象，而不是凭借主观臆断、一厢情愿、想当然地或是夹杂着自身利益的考虑去构想该对象所具有的特征、地位及属性。当然，感知或认识被尊重对象并不意味着我们必须获得有关它的全部知识，而是在特定情境中关注该对象的相关事实。例如，尊重教师，我们就要了解他作为教师在学科背景、师生关系、专业能力等方面相关的事实。

二是尊重的意志要素。尊重的产生在很大程度上应当归功于客体，并为客体所获得，是一种被客体所唤起、所引发或所要求的“东西”。换句话说，被尊重对象要求我们予以承认来自于这一对象本身，而不取决于我们的主观偏好和欲望。例如，尊重教育规律，我们其实在听从教育规律的召唤，给予它应得到的东西，承认它要求我们给予关注的主张。这其中也关涉到一种信念，即关于教育规律的某种特征或事实为这种尊重提供了正当的理据，正是我们关于教育规律具有某种特征或事实的信念，使教育规律具有了唤起我们予以尊重的根据或基础，这也就构成了尊重的理由。

三是尊重的评价要素。通常情况下，尊重被认为是一种评价模式，具体来说，尊重是体验和承认某种事物的内在价值或重要意义的一种方式。就尊重的评价意义而言，尊重所包含的“评价”更多凸显了其情感维度，在这种情感中，被尊重对象的重要性、威慑性或优越性之体验或信念处于中心地位。例如，我们尊重法律，因为我们知道它能保障我们的人身安全与利益，没有伤害我们的意图。

四是尊重的行为要素，即尊重要求有适宜的行为操守。对一个对象表示尊重，必须涉及对某些待人接物方面的约束和节制，或仅以某种特定的方式与之联系，这些对待方式被认为是对象所应当得到、适宜于得到，或应当给予的。例如，尊重长辈，意味着要以尊敬的态度说话、要学会倾听、要以礼待人等。但我们也要注意，尊重的行为表达是与尊重其他要素紧密联系在一起的，所谓恭敬和礼貌的行为并不能包容尊重的内涵。正如在实践中一个人可以表现出对另一个人的尊重，但其实内心深处却瞧不起他。

总之，在人格教育中，尊重具有认知的、意志的、评价的、行为的不同维度，必然呈现出不同类型的意义和用法。对于尊重这一教育理念，家长的态度非常重要，而如何让孩子学会尊重他人，这取决于家长在日常生活中的言传身教。很多家长往往宠爱孩子，却不懂得尊重孩子，不懂得保障孩子的尊严感。事实证明，当孩子的尊严感被成人忽略时，他们稚嫩的心灵在受到伤害、在不知所措的同时也容易忽略一个很重要的问题——尊重他人。而没有学会尊重他人，自然无法获得别人的尊重，也就无法对尊严的重要性感同身受，这是一个恶性循环。

因此，要想引导孩子学会尊重他人，家长首先要尊重孩子。家长是孩子的第一任老师，尊重孩子也应蕴含在日常生活的每一个细节中，如肯定、支持孩子的想法或选择。即使在成人看起来很幼稚、好笑，家长也要鼓励孩子多思考、多动脑，充分满足孩子的好奇心与探索意识。同时，家长还要学会信任孩子，放手让孩子做一些力所能及的事情，及时表扬，适时奖励，不当众批评孩子，更不能嘲笑或挖苦孩子，如此，才能让孩子体会到尊重的重要性。

2. 责任

责任指的是分内之事，而责任心（或责任感）则是对责任发自内心的认同与承担，“我是老师，我要努力做到教书育人”“我是家长，我要给孩子扣好人生第一粒扣子”“我是学生，我要好好学习，天天向上”。责任伴随我们一生，承担责任的能力也是衡量一个人是否成熟和成长水平的重要尺度。在任何时候、任何地点，责任心对自己、对国家、对社会来说都是不可或缺的。

一个有责任心的人，无论处于什么位置、什么身份，都应发挥自己的最大潜能来做好分内之事，也都应时刻进行自我反思：我做得怎么样？我是否还有需要改进的地方？我还有多大的发展空间？我怎样才能做得更好？正是责任心，让我们超越自身的局限与束缚，不断变得强大起来。

人的一生，要负的责任很多，既有对家庭、对社会的责任，也有对他人、对自己的责任。一个缺乏责任心的人在工作与生活中难以做到脚踏实地、大公无私，也难以做到关心国家大事、社会福祉、民众幸福。责任心如此重要，但在家庭生活中缺乏责任心的行为与事件屡见于报端：家长把养育孩子的责任转嫁给课外辅导机构或学校；孩子的玩具随处摆放，不能自己收纳；父亲做起了“甩手掌柜”，在孩子成长的过程中常常“缺席”；看到孩子成绩不理想，家长无端迁怒于老师；等等。特别是儿童责任心的缺失，更需要家长高度重视。家长要学会敢于放手，信守承诺，让孩子独立做事。一个人只有不断去承担责任，才能真正成长起来。

孩子为什么缺乏责任心？这其中的原因是复杂的，但聚焦于家庭的因素，家长不合理的、错误的做法是导致孩子责任心缺乏的主要原因。[①] 第一，是破坏性的批评，一些家长认为“不打不成才”，总是盯着孩子的不足或缺点，看不到孩子身上的闪光点，批评多于鼓励。这种教育方式容易让孩子产生害怕失败、害怕被拒绝、胆小、懦弱、犹豫、忧虑、找借口等消极心态，也会扼杀孩子萌发的责任心。

第二，家长过分严厉，孩子不敢承担责任。如果家长在孩子犯错后对其进行严厉惩罚，会让孩子由于恐惧、压力过大而不敢承担责任。

第三，家长包办代替，孩子依赖感强。每一个生命必须独立承担他生命的责任，这是一个根本性的法则。[②] 家长自以为是地为孩子遮风挡雨，其实是坑害了孩子，责任心的培养也无从谈起。

第四，对孩子不信任。其实，无论是成人还是孩子，都希望得到别人的信任。在别人信任的目光中，我们有安全感，做事也敢于突破、勇于创新；反之，则会畏首畏尾、不敢尝试。许多家长在生活中看似是表达对孩子的爱，实则是缺乏信任。吃饭时孩子帮忙端盘子，妈妈马上说：“我来我来，你别打翻了。”周末孩子拿笤帚扫地，爸爸说：“别扫了，你扫不干净。”孩子试着修理家里损坏的门锁，妈妈说：“别碰了，你又没有学过修理。”信任孩子，是家长给予孩子最好的礼物。孩子年龄虽小，但他们能够感知这个世界的安全与信任。

第五，家长错误的言传身教。父母是孩子的第一任老师，父母的言传身教对孩子责任心的养成至关重要。如果家长欺骗了孩子，或是不遵守诺言，长此以往，孩子也学会了欺骗他人，并有可能变得叛逆，不再相信家长的诺言，对家长也不再尊重，这其实是透支了家长的威信。

孩子的成长是一个社会化的过程，其责任心的培养也是一个循序渐进、从对自我负责到对他人、社会负责的过程。作为家长，要自觉担当起培养孩子责任心的重任，首先要让孩子学会对自己负起责任，如自己的玩具要自己收纳，自己的物品要自己整理，自己摔倒了不要迁怒于他人而是要学会自我反省，自己造成的冲突与矛盾要尝试自己解决，等等。

---

① 董进宇：《培育优秀子女的规律》，中国妇女出版社 2006 年版，第 239—242 页。

② 董进宇：《培育优秀子女的规律》，中国妇女出版社 2006 年版，第 240 页。

在这一过程中，家长要懂得放手让孩子自己选择，也要让孩子承担自己错误选择的后果。比如，孩子吃早饭慢吞吞或是赖在床上不愿意起床上学，家长不要发脾气或是火急火燎地送孩子去学校，这是让孩子对自己的选择和行为负责的契机。也就是说，要给孩子一个负责的机会。孩子迟到了，可能要受到老师的批评或是同学的嘲笑，面对这种后果，孩子也许很尴尬、难受，但就是这种对后果的体验与承担可以让孩子慢慢学会如何对自己负责。

随着孩子对自己负责的意识不断增强，家长就要引导孩子在做一件事情前能想到后果，考虑对别人会有什么影响，并以此决定自己怎样做，这就过渡到对他人、对家庭、对社会负责的范畴。但无论哪个范畴，家长都要明晰一个道理：让孩子独立选择，让孩子多参与、多承担，让孩子在做事中感受“责任”的意蕴。

第二节　家庭教育的价值取向

“亲子班要不要上？”“孩子在幼儿园接受的‘快乐’‘游戏’等思想，能不能胜任现有教育体制的选拔？”“课外辅导班别人都报了，明明知道孩子很辛苦，可不报又担心孩子输在起跑线上。”“总是不由自主地拿自己的孩子与别人家的孩子比较，一比就容易生气。”上述疑问和抱怨总透露着很多家长的无奈，也反映了一些家长对家庭教育的价值取向缺乏清晰的认知。

价值取向是和价值观紧密联系在一起的，是指价值取向主体基于一定的价值观念，为满足自身对客体的需要而产生的选择偏好，并由此做出针对客体的行动方向选择。主体的价值观念、基于价值观念引发的特定需要以及相应的行动方向，共同构成了该主体的价值取向。①

作为价值观的一种隐性行为，价值取向不仅影响人们的认知态度，而且影响人的行为选择。正如家长是不是给孩子报早教班，为了让孩子不输在所谓的起跑线上是不是将幼儿园“小学化”，这都是家庭教育价值取向的反映。也可以说，“价值取向就是最终决定做什么好或怎么做好，或者说，从价

① 胡晓珊：《中国师范教育价值取向研究》，四川师范大学2020年学位论文，第30页。

值、从好坏的角度决定做什么或怎么做"[①]。我国家庭教育以传统的儒家思想为核心,同时也深受西方思想文化的影响,随着新时代背景下家庭教育的需求、问题等呈现出多样化、复杂化、个性化等特点,我国家庭教育的价值取向也发生了一些变化。

一、家庭教育是一切教育的基础

家庭是孩子的第一所学校,父母是孩子的第一任老师,这是新时代背景下大家普遍认同的观点。特别对于学龄前儿童,"三岁看大,七岁看老",家庭教育具有特殊的基础作用。孩子的早期教育很多时候并不是在幼儿园、学校进行的,而是在家庭中进行的,家长的言传身教与生活实践对孩子的成长具有重要的影响作用。家庭教育是一切教育的基础。如果把沉甸甸的果实比作孩子的成长,学校教育就是大树的树干和枝叶,而家庭教育则是提供果实基本营养的根须。

我们经常看到,在学校中同样的班级、同样的师资、同样的教材与进度安排,学生水平却差异较大,究其原因,除了学生天赋不同之外,家庭教育是很重要的影响因素。如果孩子错过学前教育阶段的"关键期",或者不合理的期望导致孩子出现心理问题等,教师往往对其心有余而力不足。一些家长错误地认为只要为孩子找好的学校、好的老师,就可以让孩子有好的前途,却忽略了家长应该承担的教育责任,这确实需要家长树立科学的家庭教育理念。

二、家庭教育是个性化的教育

每个家庭的情况差异很大,每个孩子也都有着自己的个性和特征。即使是同一家庭中的双胞胎,其气质与性格也并不完全相同,家长采用的家庭教育方式更多是以每个孩子为本,家庭教育是个性化的教育。这也就意味着家长在基本的教育理念基础上,要根据孩子自己的特点,选择适切性的家庭教育方式,没有最好,只有最合适,也不存在一种万能的模式。那些简单地套用"别人家孩子"成功的方法或复制"小神童如何炼成的"经验,都仅仅

---

① 王玉樑,[日]岩崎允胤:《中日价值哲学新论》,李志林、盛宗范译,陕西人民教育出版社 1994 年版,第 403 页。

是一厢情愿，对于自己孩子的成长往往成效不大。

每一个孩子都是一个独立的个体，每一个家庭也都是一个独立的存在。家长应真正俯下身去，真正读懂孩子，学会倾听孩子，基于孩子的特点与身心发展规律提供针对性的支持与帮助，从而摸索出适合自己孩子的家庭教育。

三、家庭教育是终身性的教育

终身教育是涉及人的一生的教育，从“终身”这一限定词可以看出，终身教育最大的特点是终身性，即教育贯穿于人的一生（从婴幼儿、童年、青少年、成年到老年），而不是局限于某一个年龄阶段的教育。良好的家庭教育，可使孩子受益终身，家庭教育对孩子的思想品德、行为习惯、人格特征的形成具有特殊的作用。即使孩子长大成人、远离家长，甚至在事业上取得的成就超过家长，但由于血缘关系的存在，家长仍是一种教育力量。这种教育力量有时在家长去世以后，他（她）生前的遗嘱、遗训、遗愿也在不同程度影响着子女的行为。所以，家庭教育是终身性的教育，无论孩子走多远，甚至青出于蓝而胜于蓝，家长永远是孩子的第一任老师。

四、家庭教育重在家长的言传身教与以身作则

家庭教育不同于学校教育，家长不像专业教师那样经过严格系统的专业化培养，家庭教育也没有统一的人才培养计划、教学方案以及系统的教育内容与方法等，家庭教育是父母或其他监护人以及有监护能力的家庭成员通过言传身教与以身作则，对孩子进行的正面引导和积极影响。家庭教育始于家长的言传身教，亦即是家长与孩子在游戏、休息、娱乐、聊天、运动、家务劳动等生活实践中，家长不经意的行为习惯、生活态度、工作作风无形之中在孩子心灵上留下的痕迹。这种“烙印”是自然形成的，也是潜移默化地对孩子进行的人格熏陶和感化。

要做好家庭教育，家长的以身作则尤为重要，家长的一举一动都直接或间接地影响着孩子。有的家长工作敬业，生活乐观热情，对人诚信友善，其孩子的行为习惯一般也是良好的。反之，有的家长处世消极，对生活满腹牢骚，工作得过且过，这种行为表现也会不知不觉影响着孩子，抑制了孩子的成就动机，也可能会侵蚀孩子“纯真阳光”的内心。

第三节　家长言传身教的教育意蕴

2016年5月，重庆市通过了我国第一部家庭教育地方性法规《重庆市家庭教育促进条例》，其中条例第十二条规定：父母或者其他监护人应当言传身教，以健康的思想、良好的品行，教育和影响未成年人健康成长。截至2020年年底，贵州、山西、江西、江苏、浙江、福建、安徽、湖北等地相继通过家庭教育促进条例，其中，江西、江苏、浙江、福建、安徽明确指出，父母应通过言传身教对孩子进行正面引导和积极影响。

一、对言传身教内涵的厘清

言传，一般指用言语表达或传授。家长用言语传授时，是基于每个人的经验、阅历、教育理念、价值取向、某种形式的人性假设，或者是一种自成体系的学说，但无论哪种形式，它们应该都是“合乎理性的”，亦即“它们是合适的、有道理的或逻辑上自洽的”[①]。此外，言传要符合孩子身心成长发展的规律与特点，这是“言传”的前提基础。如果家长信口开河、忽悠孩子，或是违背儿童的身心发展规律，对孩子期望过高，那么无论家长的“言传”如何动听，都可能失去其应有的教育价值。

身教，强调的是一种示范与榜样作用，它是一种“无声”的教育，也是一种润物细无声的引导与感化。身教对家长的学习能力、素质提升等都提出了一定的要求，但现实中一些年轻的家长还停留在“妈宝”“巨婴”的状态，对自身行为缺乏一种理性的角色审视，也缺乏身教对促进孩子健康成长的认识，这可能会导致家长成为一个不合格的施教者。正是这种不合格的施教者所表现出的行为意向，如重智轻德、重知轻能、过分依赖、遇事逃避、缺乏责任感等，会给孩子树立一个不好的榜样，在孩子心里留下深刻的烙印，将直接影响到他们的品德修养、个性心理、良好生活习惯的养成。正如英国哲学家罗素所言：如果你想教孩子怎样使用锯子，而自己却把锯子当斧头使，那你永远也不能把他教育成一个木匠。

言传重在发挥口头语言的魅力，身教重在身体力行。言传在任何时间、

① 杨玉成：《罗尔斯》，陕西师范大学出版社2017年版，第122页。

任何地点都可以发挥教导的作用，这是言传独特的灵活性。言传还可以为身教提供理论基础，向孩子讲解“我这样做的原因是什么”“我这种行为是出于什么样的目的”。而身教则是言传的实践证明，“我是这样说的，也是这样做的”“我对你的要求，也是对我自己的要求”，此谓言行一致。可以说，言传与身教相互促进才能真正发挥家长的模范、“重要他人”的作用。如果言行不一，或者只有言传而缺乏身教的示范，或者在身教的同时缺乏及时有效的言语教导，都可能会让家长的努力大打折扣。

言传与身教是一体两翼的关系，根本目的是通过家长的言传身教，促进孩子的全面健康成长。基于孩子的年龄特点，通过循循善诱、谆谆教诲，又在日常生活中看得见、摸得着的每一个细节上以身作则，用自己的实际行动影响孩子，这才是言传身教的要义所在。

二、言传身教的时代困境

言传身教具有明显的代际传递影响，家长通过“有声的语言”和“无声的行动”共同作用于孩子的成长和价值观的形成。但随着网络与新媒体对人们生活的影响，言传身教也无形中打上了时代的烙印，漠视儿童身心发展特点、责任转移、过于注重技术取向、言行不一等问题成为阻碍家庭教育健康发展的“瓶颈”。

1. 漠视儿童发展特点，过于注重说教

20世纪70年代，美国心理学家班杜拉在大量实验研究的基础上建立了现代社会学习理论，对人的观察行为做了比较全面而客观的解释。班杜拉认为，人类在许多知识、技能、社会规范上的学习，都来自间接的观察学习，亦即学习者通过观察榜样的行为，获得示范行为的象征性表象，并做出相应行为的过程。[①] 相对来说，鉴于家长在儿童心目中特有的身份与地位，其言行更容易引起儿童的注意，成为儿童模仿的对象。家长的一言一行都被孩子看在眼里、记在心上，无论是家长有意识的还是无意识的，他们的行为都对孩子起着潜移默化的作用。

但是，在实践中过于注重说教，漠视儿童学习发展特点的家长依然存在。尤其在幼儿阶段，孩子还不能合乎逻辑地理解讲话的道理，“给你说过

① 边玉芳、李白璐：《教育心理学》，浙江教育出版社2015年版，第23页.

多少次了，自己的玩具要收拾好”“能不能别再玩手机了，对眼睛不好难道不知道吗”。这些家长其实很辛苦，因为他们的亲子关系是对抗的，是不融洽的。尽管对儿童的说教能起到一定的作用，但研究证明，“说教其实就是在要求对方改变，人们往往不喜欢被强迫改变，这会引来狡辩和抵抗”①。特别是随着儿童自我意识的发展，其寻求人格独立、自我评价的能力也不断增长，他们会把家长的忠告看作是对他们的控制。因此，家长的苦口婆心其实可能仅仅是一厢情愿。

2. 转嫁责任，缺乏应有担当

家庭是人生的第一所学校，家长是孩子的第一任老师，家长要给孩子讲好“人生第一课”，帮助孩子扣好人生第一粒扣子。无论是“讲好”，还是“扣好”，家长都应承担应有的教育职责，不仅仅是满足孩子在衣食住行等物质上的需求，更应关注孩子的心理需求，给予高质量的陪伴，“要有舍得放弃一些以满足自身或家庭外部需要的事情的勇气，要有甘愿与孩子在一起付出时间精力和耐心的情怀”②。

研究发现，一些家长转嫁责任的现象屡见不鲜，一是把责任转嫁给老师，“家长们已经将很多协助幼儿进行日常体验的责任转嫁给了老师，其中包括如厕、餐桌礼仪及眼神交流等”③。二是把责任转嫁给老人（孩子的祖父母或外祖父母）。老人照顾孩子，比较注重生活方面，但缺少感情的交流、心理的沟通，也容易溺爱孩子。“老人给孩子的环境是一种现实生活中根本不存在的真空环境，就像海市蜃楼一样，会让孩子产生错觉。带着这种以自我为中心的交往模式进入社会后，孩子就会四处碰壁”④。三是把责任转嫁给校外教育机构。随着对早期教育的重视，有些家长因为工作繁忙、自感育儿知识有限、缺乏育儿经验等因素，期待选择合适的早教机构托管孩子，以实现早期教育的目的。而随着儿童学业的不断加重，上课外辅导班就成为许多孩子“无奈却无法摆脱”的一个经历。一些家长认为，“好的教育机构＋好

---

① ［美］马文·马歇尔：《小肩膀有大担当：零压力管教法，还孩子承担责任的能力》，赵佳荟译，华夏出版社 2015 年版，第 76 页。

② 关颖：《家庭教育是什么：家长学习读本》，广东教育出版社 2018 年版，第 261 页。

③ ［美］埃里卡·克里斯塔基斯：《给孩子最好的成长力》，王丽译，九州出版社 2017 年版，第 128 页。

④ 尚文升：《孩子，我在你身后》，暨南大学出版社 2018 年版，第 184 页。

的老师＋好的培训”一定能培养出优秀的孩子，这种简单的思维方式，缺乏对教育职责的应有承担，容易导致孩子遭受意外伤害，产生心理疾病、焦虑、厌学、自杀等问题，这理应值得我们警惕。

3. 技术异化，忽略亲子关系建立

人工智能技术的发展及应用促进了社会进步，给人类的生活带来了诸多便利。“但在人类利用技术改造和控制自然而满足自己需要的过程中，技术以相应的力量反控制人类，给人类自身带来危害，这便是我们所说的技术异化。”①技术异化导致一些人对人工智能技术产生依赖，各种智能手机和智能 App(应用程序)犹如“技术多巴胺”控制部分网民的行为、情绪、心理、社交等，让他们对技术产生强烈的精神依赖，使人的精神在“娱乐至死”的虚拟世界中日益被物化并匮乏化。而技术异化在家庭中的体现则是打破了亲子关系，改变了儿童的成长环境，特别是给学前儿童的成长带来更多的虚拟化、数字化，“童年消逝”正在变成现实。

一个智能手机、一个平板电脑，确实可以让儿童不再黏人，可以暂时“解放”家长，但指尖上的世界也形塑着孩子感知世界的方式：在冰冷的数字化虚拟空间中，儿童无法感受到人与人之间情感的温度，体验不到亲子关系中的沟通与交流，更无法与大自然亲密接触、自由探索。看似家长在陪伴孩子，但亲子交流十分有限，各自都在自己的世界中保持着“疏离”。这种疏离感会减少儿童对家长的依恋，不利于亲子关系的培养，而缺乏良好亲子关系的基础，家长的言传身教也将徒有其名，其实施起来也困难重重。

4. 言行不一，示范作用难以形成

《论语》记载，子曰：“古者言之不出，耻躬之不逮也。”意指古代的人不会轻易把话说出来，就是深以自身做不到为可耻。这与孔子反复强调君子要“讷于言而敏于行”的观点是一致的，都是在说明不能兑现的话不要轻易说。孟子对此也表达了对这种人的批评态度，“无责者易轻言”②，而“无责”则点出了之所以信口开河，是因为不必负责任。经常有家长教育孩子“别玩啦，该上床睡觉了”“不要再看电视了，练会儿琴吧”，但孩子有时候却没有反应，

① 梁丽、包国光：《试析技术异化的劳动异化根源》，《东北大学学报》(社会科学版)2008 年第 1 期，第 21—25 页。

② 毕宝魁：《细读孟子》，研究出版社 2017 年版，第 106 页。

如同听不见一样，此时家长并没有采取措施或监督孩子睡觉、关电视，于是就会造成“唠叨—拖延—再唠叨—继续拖延”的消极循环。

一些年轻的父母本身就热衷于新媒体，在教育孩子不要过多玩手机、要诚实的时候，其自身的示范作用并没有带来积极的作用，特别是当儿童发现父母言行不一或伪善的时候，儿童的行为也可能发生改变。“让我锻炼身体，为什么爸爸从不锻炼呢？”“如果撒谎不好，为什么妈妈会跟老师说在加班，其实并没有加班呢？”不难看出，“无论什么样的行为，如果父母真心希望孩子做到，那么他们就是可以做到的”[①]。只有家长“言必行，行必果”，才更有威信去要求孩子负责任，进而给孩子树立一个良好的榜样示范对象。

三、言传身教促进儿童健康成长的建议

家长的言传身教可以促进儿童健康成长，这种“应然”层面的理解在实践层面还存在很多问题。“教育孩子的实质在于教育自己，而自我教育则是父母影响孩子的最有力的方法。”[②]因此，家长自身的提升尤为重要。

1. 言传应遵守一定的原则

家长的言语对孩子来说如同一块“画布”，孩子会在这块“画布”中认识自己、成为自己，这就是言语的魅力所在。家长言传的初衷固然是为了孩子好，但如果家长情绪用事，不善于运用沟通技巧，只会让言传起到相反的作用，变成儿童眼中的唠叨，这也在很大程度上影响了良好亲子关系的建立。实际上，“即使是推崇语言交流的教养书籍也会告诉你，没有良好而亲密的亲子关系，不良行为将会层出不穷”[③]。因此，家长的言传应遵守一定的原则。

首先，言传要及时。家长要结合孩子的生活实践不失时机地进行教育引导，而不是时过境迁以后再盲目地进行空洞的说教。比如，在孩子受到老师表扬或作品获奖时，教育孩子要戒骄戒躁，继续努力，争取再上一层楼。

---

① [美]本杰明·斯波克、[美]马丁·斯坦：《斯波克父母经》，刘莹译，中国妇女出版社 2018 年版，第 93 页。

② [苏]瓦·阿·苏霍姆林斯基：《家长教育学》，杜志英等译，中国妇女出版社 1982 年版，第 23—24 页。

③ [美]金·约翰·培恩：《简单教养经：如何有效管教不同阶段的孩子》，时璇译，北京联合出版公司 2018 年版，第 133 页。

其次，言传要目的明确。这种目的性并非是控制孩子，而是必须符合现实的情况，与孩子的真实需求一致。以玩手机为例，如果不清楚孩子使用手机的目的，只是随心所欲地告诉孩子可以或者不可以玩手机都是毫无意义的，只会削弱家长说话的权威性。因此，言传要依据孩子的发展需求，无论说什么话，都要考虑到是否能够增进孩子的身心健康和促进亲子关系的和谐发展。

最后，言传要掌握必要的沟通技巧，如重视肢体语言、面部表情等非言语沟通，亲子共同活动，说话要注意场合等。同样是教导孩子，一种是居高临下、一边出门一边跟孩子说话，一种是蹲下来和孩子面对面，当孩子慢慢靠近你时再给出详细的引导，很明显，后者将语言和肢体动作有效联系在一起，能让孩子更好地理解家长所说的内容。

2. 身教重在以身作则与潜移默化

家长是孩子最初形成良好行为习惯的“重要他人”，“行动——父母示范的榜样——对孩子恐怕有十倍的说服力吧”[①]。这也是美国心理学家班杜拉在社会学习理论中关于儿童发展的观点，班杜拉认为，通过观察、榜样或模仿，儿童既学习积极的行为也学习消极的行为。也就是说，儿童获得什么样的行为以及行为的表现如何，和榜样的作用密不可分。“孩子想做个好孩子，只有当他看见理想的事物，并为此所吸引的时候，才能产生这种想法。”[②]家长要充分发挥身教的榜样作用，重在以身作则，提升自身修养，以日常生活中的行为去影响孩子，此所谓“其身正，不令而行；其身不正，虽令不从”。

家长的身教不是刻意为之，而是让孩子在无意识、自觉的情况下受到家长示范行为的影响和熏陶，在潜移默化中学会做人做事的道理。这种潜移默化的隐性教育，需要家长与孩子在长期生活中共同完成，这就需要家长有耐心、有恒心、有智慧。

所谓耐心，是要认识到孩子行为习惯的养成是一个长期的过程，需要反复多次，所以家长不要急躁，也不要通过惩罚、吓唬或是拔苗助长的方式对待孩子。就像波斯诗人萨迪所言：“要保持耐心，所有事在变容易之前都是

---

① [加]金斯利·沃德：《企业家金斯利给女儿的25封信》，陶和英译，漓江出版社1996年版，第116页。

② [苏]瓦·阿·苏霍姆林斯基：《家长教育学》，杜志英等译，中国妇女出版社1982年版，第29页。

困难的。”[①]恒心体现的则是坚持，家长不仅是孩子的第一任老师，更是一生的老师，身教不能反复无常、三天打鱼两天晒网。智慧则是要认识到家庭教育的意义、孩子行为问题的根源，认识到儿童学习方法的特殊性，“幼儿对语言的理解能力虽然不足，却非常擅长感知别人的动作和手势。他们在观察和模仿中成长，孩子开始变得和我们越来越像。他们会和我们使用一样的手势，开始说出我们的口头禅，而他们也似乎有一种本能，可以准确地感知我们心中所想”[②]。这就是身教独特的力量所在。

3. 情境思维下言传与身教的相互玉成

言传可以有效地来表达关心、情感沟通、知识传授，但如果缺乏一定的情境思维，脱离具体的环境与事件，就可能变成孩子眼中的唠叨、说教。“同时，不是对所有孩子在许不许可做某一件事情之前都需要予以说明道理的”[③]。因此，家长更新思维方式就显得很有必要，亦即要通过孩子看到的、听到的、感受到的具体事物去进行言语引导。比如，孩子喝水容易打坏杯子，与其说“你做事不要马虎，要细心”，就不如“右手扶杯柄，左手托杯底”更具体、更容易让孩子接受；“小孩子要早睡早起才能身体好”，不如通过关闭电视、调整光线、减小噪音、睡前故事等营造良好的睡眠气氛。这样孩子感到家长是在关注他，而不是控制他的行为，此时的言传更容易进行亲子之间的有效沟通。

上述情境思维下的言传在实践中却经常失效，其主要原因在于家长的言行不一，对孩子与对自己是双重标准，或者言语上一套，行动上又是一套，造成孩子的心理矛盾与迷茫。言传身教对孩子的影响是一个渐进的过程，一开始也许只是机械地模仿某个行为，但通过孩子能够理解的言语告诉孩子“为什么这样”“怎么办才能更好”等持续的教诲和示范的作用，很快就会影响到儿童的精神层面与心理层面，影响到孩子价值观的形成，并最终成为他们人格特征的一个组成部分。

只有当孩子真正地感到家长言行一致、严于律己时，才会产生对家长的

① 转引自［美］萝玛·凯特帕：《完美家长：优化内在、感染孩子的5种方法》，桑颖颖译，贵州教育出版社2017年版，第57—58页。

② ［美］金·约翰·培恩：《简单教养经：如何有效管教不同阶段的孩子》，时璇译，北京联合出版公司2018年版，第133—134页。

③ ［苏］瓦·阿·苏霍姆林斯基：《家长教育学》，杜志英等译，中国妇女出版社1982年版，第65页。

敬佩与信服之心，言传与身教才能真正有效地结合，从而在潜移默化中培养孩子良好的品格与健全的人格，就能达到“蓬生麻中，不扶而直”的教育效果。

总之，家庭教育所具有的特殊功能是其他教育方式所不能代替的。言传身教，有时家长可能侧重于言传，有时比较注重身教，更多的时候二者应相互依存、相互促进。其实，教育孩子的过程，也是让孩子这面“镜子”映照家长积极调整、不断自觉提升的过程，更是让父亲身份或母亲身份应该承担巨大责任的过程。“每瞬间，你看到孩子，也就看到了自己；你教育孩子，也就在教育自己并检验自己的人格”①。

① [苏]瓦·阿·苏霍姆林斯基：《家长教育学》，杜志英等译，中国妇女出版社1982年版，第7—8页。

专题二

理念先行

家庭教育所面临的种种问题,首要的不在方法层面,而在思想理念层面。家庭教育理念是家庭教育活动的内源性动力。促进家庭教育的有效开展,必须先行转换理念。

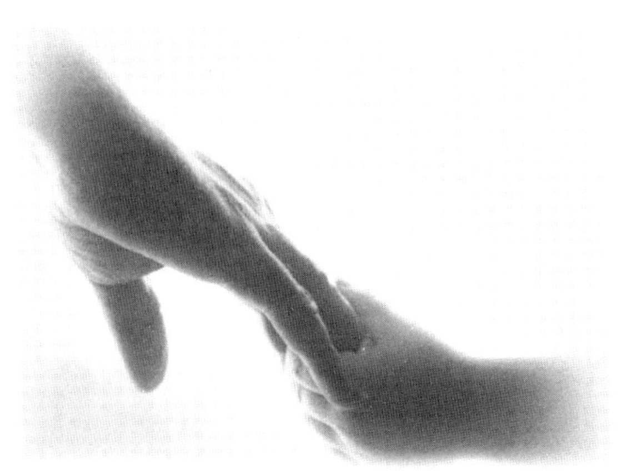

第一节　家庭教育理念的内涵

很多时候，我们发现一些家长的教育观念值得商榷："孩子是我的，我想让他干什么就干什么""教育孩子有什么难的，我就是从小挨打才成才的""只要孩子成绩好，其他都可以忽略"……家庭教育的很多误区正是因为家长不正确的家庭教育观念导致的行为偏差造成的。教育观念主要强调个体对教育的基本认识和思考，有错误与正确之分，而正确的教育观念即为教育理念。家庭教育理念是家庭教育活动的内源性动力，新时代背景下家长应树立正确、科学的家庭教育观念，深刻认识家庭教育对孩子健康成长的奠基作用，尊重每一个孩子的个体差异性，充分挖掘家庭现有资源的价值，与孩子共同成长。

一、教育理念

理念是指人们对于某一事物或现象的理性认识、理想追求及其所形成的观念体系。教育理念则是指人们对于教育现象的理性认识、理想追求及其所形成的教育思想观念和教育哲学观点，是教育主体在教育实践、思维活动及文化积淀和交流中所形成的教育价值取向与追求，是一种具有相对稳定性、延续性和指向性的教育认识、理想的观念体系。① 由于教育理念的外延较为宽泛，这一概念必然关涉到教育思想、教育传统、教育主张、教育理论、教育认识、教育信念、教育信条等诸多概念的共性。"但教育理念并非上

① 韩延明：《理念、教育理念及大学理念探析》，《教育研究》2003年第9期，第50－56页。

述概念的同义重复或杂糅总成，而更应该表现为一种统摄指导教育行为的、富于理性主义色彩的、能够反映教育深层次的本质与内在规律的崇高精神。”①

教育理念是教育行为的引领，我们对待孩子的一切行为，背后都有教育理念在做支撑。为什么不同的家长有不同的儿童观？为什么面对儿童同样的行为，不同的家长却反应不同，这其实都体现了教育理念的差异，它反映在家长的教育思想、教育观点、教育主张中，也反映了家长在生活实践中对培养什么样的孩子、为谁培养孩子以及怎样培养孩子等问题的理性认识与目标追求。一个新时代的家长，应该有一套顺应时代潮流、符合儿童年龄特点与发展规律、适应未来社会发展的先进教育理念系统。

先进的教育理念能反映教育的本质，因为它是关于教育的应然状态的判断，是渗透了人们对教育的价值取向或价值倾向的“好教育”观念。也可以说，教育理念强调的是对“理想的、应然教育”的理解与追求，是对“教育是什么”“教育应该是什么”的价值判断和理性认识，是指向教育未来发展的精神范型和远见卓识。②

二、家庭教育理念

家庭教育理念之“理念”，有三个层面的理解：一是理性，亦即对家庭教育的认识与看法不是“拍脑袋”得来的，而是基于现有的理论与经验，通过合理的逻辑推导得到的结果。二是理想，理想是对未来事物的美好想象和希望，是对家庭教育要达到目标的一种向往与追求。三是信念，即坚信一定能做到，是家长在一定的认知基础上确立的对教育孩子的方法或思想坚信不疑并身体力行的态度。

有时候一些家长很是困惑，对孩子的一些教育问题感到手足无措，不知采取哪种方法合适。实际上，要想从根本上解决孩子的教育问题，家长必须要树立正确的家庭教育理念，并以此引领自己的养育行为、亲子活动等。家庭教育理念来源于我们日常的家庭生活实践，家庭生活实践是家庭教育理念形成的基础和源泉。如果缺失正确家庭教育理念的深层支撑，家长的言

---

① 沈振煜、王坤庆：《华中师范大学教育理念文选》，华中师范大学出版社 2005 版，代序言第 1 页。

② 王作亮、张典兵：《教育学原理》，中国矿业大学出版社 2015 年版，第 113 页。

传身教往往就会成为无源之水、无本之木。正确的家庭教育理念可以成就优秀的孩子与家长。

《中华人民共和国家庭教育促进法》第十八条指出:未成年人的父母或者其他监护人应当树立正确的家庭教育理念,自觉学习家庭教育知识,在孕期和未成年人进入婴幼儿照护服务机构、幼儿园、中小学校等重要时段进行有针对性的学习,掌握科学的家庭教育方法,提高家庭教育的能力。而《江苏省家庭教育促进条例》第九条也指出:父母或其他监护人应树立正确的家庭教育理念,掌握必备的家庭教育知识和科学的家庭教育方法,提高家庭教育能力。

第二节 家庭教育理念向教育行为的转化

家庭教育理念一旦被理解、认可、接受,就会成为相对稳定的精神力量,转化为家长的各种教育行为。它会影响家长如何看待家庭教育的意义,如何看待亲子之间的关系,如何处理家庭教育中的各种矛盾。家庭教育理念并不是自然而然地就转化为教育行为,它遵循着一个由外到内、由内至外的转化机制。其中,理解是转化的起点,认同是转化的基础,内化是转化的关键,外化是新理念的践行。四个阶段既相对独立又相互制约,彼此相联,环环相扣。①

一、理解

理解就是逐步认识事物之间的联系、关系直至认识到事物的本质与规律,是家长对家庭教育理念从感性的认识上升到深层次的理性认识。也可以说,家长对家庭教育理念的理解是有层次之分的。以"尊重儿童"为例,最初,家长通过家长学校、家长会或自主学习知道了这一理念的概念,也知道尊重儿童是正确的、先进的,但此时的家庭教育理念还是社会舆论或专家所宣传的"应然"的理念,属于"倡导的理论",处于"显概念"水平,对家长实际的亲子互动不会产生直接的影响,其教育行为也不会有明显改善。

---

① 卢艳春:《教学理念向教学行为转化的内隐机制研究》,江苏师范大学 2011 年学位论文,第 13 页。

通过学校或幼儿园教师、家庭教育指导者进一步的指导服务以及家长自身的学习，特别是在此过程中的感悟和体验，这些“倡导的理论”才有可能逐渐被家长所理解和接受，成为“自我的概念”，并在生活实践中对其教养行为产生切实的影响。这也许并不容易被家长意识到，处于“隐概念”水平，但却是家长实实在在的“运用的理论”。[①] 这时，家长的家庭教育行为才可能得到实质性的改善，尊重儿童才可能走向常态化、自觉化。

二、认同

认同即承认赞同，它指向人对价值的一种态度、倾向。家长对家庭教育理念的认同包括两个方面的因素：一是认知因素，是经过对家庭教育理念的分析、比较，进而理解并产生认同；二是情感因素，是情感上受到感染和触动，从而对家庭教育理念产生认同。认同属于较高的心理层次，它在较低的心理层面上表现为顺从。有些家长表面上接受家庭教育理念，对家庭教育在政策、制度、学校指导服务、专家建议等要求表现出一致的倾向，努力使外显行为与他人一致。

在幼儿园、学校组织的一系列亲子活动中，我们经常看到很多家长能够做到尊重孩子、认真倾听孩子、与孩子友善沟通、耐心陪伴孩子等。这种外显的行为往往是受外在环境影响的结果，是为了避免在他人面前受到孤立，或是为了从众获得别人的好感，但从内心里并没有真正接受，因而在认知与情感上并不一致。顺从的持续时间较短，当趋利避害的动机不再发生时，这种顺从可能就会消失。而认同并不受趋利避害动机的驱使，而是受家庭教育理念的吸引，被家庭教育理念内含的思想所感动，因此愿意与家庭教育理念的要求保持一致。

三、内化

内化，简单来说就是接受外部思想，重新组合来改造自我。在认知心理学领域，皮亚杰指出，任何外部影响(刺激)都是通过“同化”和“顺应”这两种机能而被接受到主体认知结构中来的。同化是指学习者将外在的信息纳入已有的认知结构，以丰富和加强已有的思维倾向和行为模式，这是一种量

---

① 庞丽娟、叶子：《论教师教育观念与教育行为的关系》，《教育研究》2000 年第 7 期，第 47—55 页。

变;顺应是指学习者已有认知结构与新的外在信息产生冲突,引发原有认知结构的调整或变化,从而建立新的认知结构,这是一种质变。个体认知水平的发展就是同化—顺应—再同化—再顺应……这一相互交替的过程。同化和顺应实质上是同一心理过程的两个方面,而内化就是同化和顺应两方面的统一。[①]

以"向儿童学习"为例,这一家庭教育理念是对传统家庭教育观念的扬弃和超越,家长理解并接受这一理念,势必要打破原有认知结构的平衡,更新原有的思想观念体系。家长如能理解并接受,从而将其纳入自己的认知结构,这就是同化。随着认知结构的改变,在亲子活动过程中对儿童的语言发展、思维方式、情绪情感等心理活动有进一步的认识,"向儿童学习"的理念对家长的影响日益明显。特别在对善恶、正邪、美丑的区分上,在热爱动物、反对杀戮、保护环境、诚信友善的立场抉择上,孩子比成人理解得更本真,履践得更不折不扣。他们还不懂得妥协、隐瞒、撒谎、左右逢源,孩子的生活比成人更天然、简明、纯净。如果家长能经常"回家问问孩子们",这就意味着"向儿童学习"顺应过程的完成。

四、外化

家庭教育理念是内在的东西,内在的东西只有通过符合文法、逻辑的、别人能理解的外部言语形式或动作表现出来,才能被感知和了解。这一过程就是外化。其中,理念是行为的内核,行为是理念的外化。家庭教育理念是实践和行动的指南,有理念,才有方向感、目标性,才有准绳和标杆。但家庭教育理念向教育行为的转化并不是简单就可以完成的,其"应然的转化"在"实然的影响"下还存在很多制约因素,如家长的文化程度、年龄、价值观、儿童观、成功观等差异,都让这种"外化"在实践中表现得并不那么令人满意。

一些家长在开完家长会或听取专家报告后,对一些教育理念表现出极大的热情,但问题是:有了理念,行为并不是简单地就可以发生变化。实际上,在内化向外化转变的这一阶段,还存在一个中间环节,即孕育生成。由于

---

① 段作章:《教学理念向教学行为转化的过程分析:基于发生学视角》,《教育科学研究》2012 年第 4 期,第 22—27 页。

家长不像医生、教师那样要持证上岗，家庭教育理念外化为教育行为对一些家长确实还存在很多困难，因此，不同类型的家长要根据自身及孩子的成长情况在脑海中酝酿与家庭教育理念相匹配的一系列教育行为，并根据生活实践有选择性地形成可操作的教育行为。如陪伴孩子，有的家长由于工作原因不可能做到经常陪伴，但充分利用远程视频或接送孩子上学、放学的间歇进行亲子互动，这也是一种高质量的陪伴。

第三节　树立正确的家庭教育理念

当下的家庭教育存在很多问题，既有“不管”“不会管”孩子的问题，也有教育观念落后、教育方法不当、教育内容狭隘等问题，而家庭关系的失位、越位、错位也让家长和孩子深处家庭矛盾的漩涡，给孩子的健康成长带来不可磨灭的伤害。建立正确的家庭教育理念是解决当下家庭教育问题的前提性工作。

一、家庭教育的核心是教孩子学会做人

20 世纪 60 年代，联合国教科文组织提出 21 世纪教育四大支柱：学会认知，学会做事，学会共同生活，学会生存。学会生存是前三种“学会”成果的主要表现形式，是教育和学习的根本目标。也可以说，在支撑现代教育的四大支柱中，最基础、最坚实、最重要的是学会生存。“人类发展的目的在于使人日臻完善；使他的人格丰富多彩，表达方式复杂多样；使他作为一个人，作为一个家庭和社会的成员，作为一个公民和生产者、技术发明者和有创造性的理想家，来承担各种不同的责任”①，说到底就是学会做人的能力。

此处的做人不同于单纯的道德、伦理意义上的“做人”，而是“包括了适合个人和社会需要的情感、精神、交际、亲和、合作、审美、体能、想象、创造、独立判断、批评精神等方面相对全面而充分的发展”②。家庭教育的根本目的是教人做人，而不仅仅是培养他的知识和能力。学会做人是我们一生都在学习的学问。无论是我们在蹒跚学步，还是已经小有成就，父母总是希望

---

① 联合国教科文组织国际教育发展委员会：《学会生存：教育世界的今天和明天》，教育科学出版社 1996 年版，第 2 页。

② 尹航：《哈佛能力培养完全手册》，地震出版社 2002 年版，第 136 页。

我们做一个好人，做一个有所作为的人，做一个对国家、对社会有用的人。正如陶行知所言："千教万教教人求真，千学万学学做真人。"①陈鹤琴也对做人表达了同样的看法："做人、做中国人、做现代中国人"②。

研究的视角回到现实，家长尽管付出了很多心血，尽管对孩子的成长抱有很高的期望，可那种"望子成龙、望女成凤"的愿望并没有实现，这让很多父母困惑、焦虑，甚至心寒。其实，在对子女高期望、高标准的过程中，家长关注更多的是成绩、排名，以为孩子只要成绩好了，其他都可以暂时"悬置"。这种忽视孩子做人教育的观点是短视的，也必然要付出代价。

研究证明，即使有些家长文化水平不高，也没有所谓的高学历、高收入、高职称，但他们身上那种奋勇拼搏、吃苦耐劳、诚信友善、豁达开朗等优秀品质，却对孩子的健康成长起到了重要的影响作用，也使孩子终身受益。教孩子学会做人，这是家庭对社会的责任，更是对孩子人生的责任。但遗憾的是，生活中有太多的家长在培养孩子的过程中，本末倒置，把大量的时间花费在孩子的辅导班上，造成家长与孩子的双重身心疲惫，可结果却事与愿违，这理应引起我们的警醒。

二、尊重孩子

尊重孩子不是一句空话，需要法律政策的保障、儿童观念的更新、生活细节的落实。当今家庭教育中的问题层出不穷，其根本原因是漠视儿童权利，侵害孩子的生存权和受保护权，忽视孩子的发展权，剥夺孩子的参与权。③ 因此，尊重孩子，就必须要强化"儿童是权利的主体"这一观念。对儿童的各项权利进行全面阐述的是 1989 年联合国大会通过的《儿童权利公约》，而对儿童的规定是指 18 周岁以下的任何人。《儿童权利公约》规定了世界各地所有儿童应该享有的数十种权利，其中最基本的权利有四种：生存权、全面发展权、受保护权和全面参与家庭、文化和社会生活的权利。

自 20 世纪 90 年代初加入《儿童权利公约》以来，我国制定了一系列保护儿童权利的政策、法律。其中，2021 年 9 月 8 日，国务院印发《中国儿童发

---

① 方明：《陶行知名篇精选》，教育科学出版社 2006 年版，序二第 2 页。

② 陈秀云、陈一飞：《陈鹤琴全集》(第四卷)，江苏教育出版社 2008 年版，第 274 页。

③ 关颖：《尊重儿童权利：新家庭教育之"道"》，见朱永新、孙云晓：《科学，让家庭教育更有魅力》，湖南教育出版社 2018 年版，第 94 页。

展纲要(2021—2030年)》,“儿童与家庭”“儿童与安全”成为中国儿童发展纲要新的领域,在不断完善中明确提出了“保障儿童生存、发展、受保护和参与权利”,以及儿童发展优先、儿童全面发展、儿童平等发展、鼓励儿童参与等基本原则。“儿童是权利的主体”作为一种全新的儿童观,尊重和保护儿童权利作为家庭教育的基本点,逐渐被认知。

但认知是一回事,在生活细节中落实又是另一回事。当孩子出现“问题”的时候,家长总是习惯性地站在成人的立场上看孩子的问题。“我跟你说过多少次了,你就是不听”“你能不能长点记性”“谁让你不小心,这是自作自受”,这种成人立场表达了对孩子的不满意、对儿童权利的漠视,也让家长看不到“问题”的本质所在。如果基于孩子的立场,尊重他们的成长规律、身心发展特点与实际需求,家长就可能会找到孩子问题背后的真实原因。比如,有时候孩子撒谎,家长只是对孩子的行为进行非此即彼的判断,并在道德层面上指责孩子“好孩子不能撒谎,撒谎的孩子道德品质有问题”,但孩子为什么撒谎,是希望得到父母的关注,还是为了友谊为同伴承担责任,或是混淆了现实与想象的差异。假如家长能从儿童权利的视角认识和解决孩子的问题,或许结果会与站在成人立场、单纯地对孩子的行为做道德判断截然不同,那些“为了孩子好”却在伤害孩子的傻事、错事甚至违法的事也会得到有效控制。

三、学会沟通

沟通是指人与人之间或团体与团体之间传递和交流信息的过程。从社会化的角度来看,个体需要通过语言或非语言的形式进行双向的信息、思想、感情等方面的传递或流动,从而建立彼此之间的信任关系,影响甚至改变对方的态度和行为,以达到相互之间的了解、信任与相互合作的目的。亲子沟通是一种特殊的人际沟通类型,父母与孩子双方在亲缘关系的基础上,在共同创造的独特家庭环境这一“场域”中,基于各自的角色定位和不同的态度、需求,运用各种沟通方式彼此传递信息、交流情感。

但实践中越来越多出现的亲子沟通问题,也让我们反思一个基本的问题:亲子沟通的教育性体现在哪里?美国学者杜威曾强调“一切沟通都具有教育性”[①]，他认为，社会生活不仅和沟通完全相同，而且一切真正的社会生活都具有教育性。在形成社会这个共同体的过程中，必然牵涉到沟通。“社会不仅通过传递、通过沟通继续生存，而且简直可以说，社会在传递中、在沟通中生存。”[②]“每个人必须了解别人在干什么，而且必须有办法使别人知道他自己的目的和进展情况。意见的一致需要沟通。”[③]亲子沟通直接关系着亲子关系的质量，缺乏正确的亲子沟通理念，也是造成目前一些亲子关系紧张的主要原因。

许多家长发现，随着孩子年龄的增加，和孩子沟通不再是一件容易的事，孩子变得越来越“不听话了”，甚至一些幼儿园的孩子，也嫌自己的父母唠叨，经常是“你说你的，我做我的，说了也是白说”，这令家长们很是郁闷。如何增进亲子沟通也成为家长们聊天的热门话题，其中，倾听在亲子沟通中的重要性也得到很多家长的认可。我们拥有两只耳朵一个嘴巴，其意就是让我们多听少说。社会学家兰金曾指出，在人们日常的语言交往活动（听、说、读、写）中，听的时间占 45%，说的时间占 30%，读的时间占 16%，写的时间占 9%。[④] 这也从一个侧面说明善于倾听在亲子沟通中的重要价值。

倾听是一种立场，也是一种姿态，要把孩子放在平等的对话关系中，从而建立起融洽的亲子关系。倾听首先需要有目光的注视与神态的专注，家长的专注能影响孩子的注意力，而孩子集中注意力的能力，是与其日后成就密切相关的一个预判指标。其次表现在信息的反馈，对孩子的信息进行回应，是赞同、肯定、补充还是建议，而不是充耳不闻或全面控制，这是两个平等主体的交往行为。善于倾听是家长与孩子双方交流畅通无阻的保障，家长只有放下架子，放下所谓的“权威”，俯下身来认真倾听孩子，才能得到孩子的信任，才能捕捉更多孩子的内心世界，从而做出正确的回应、判断与支持帮助。

四、陪伴是最长情的告白

陪伴不是仅仅陪着，更不是那种“虽同处一室却各自娱乐、互不干扰”的

---

① [美]约翰·杜威：《民主主义与教育》，王承绪译，人民教育出版社 2001 年版，第 10 页。

② [美]约翰·杜威：《民主主义与教育》，王承绪译，人民教育出版社 2001 年版，第 9 页。

③ [美]约翰·杜威：《民主主义与教育》，王承绪译，人民教育出版社 2001 年版，第 10 页。

④ 邓淇：《习惯与人生》，山东友谊出版社 2010 年版，第 95 页。

生活状态。“陪伴是指父母有计划或无计划地与孩子在一起，并在必要时以积极的教养方式，为孩子提供物质或精神上的支持与帮助，具体包括学习、娱乐、情感和养育四个方面。”[①]习近平总书记在会见第一届全国文明家庭代表讲话中指出：“广大家庭都要重言传、重身教，教知识、育品德，身体力行、耳濡目染，帮助孩子扣好人生的第一粒扣子，迈好人生的第一个台阶。”[②]总书记对家庭教育的感悟，与其年幼时的亲子互动、父母陪伴密切相关。

在孩子生命的早期阶段，家长高质量的、全身心的陪伴是孩子社会化的重要保障。正是在与家长的互动过程中，孩子通过观察、模仿，掌握了初步的语言，学会了交流与沟通，形成了规则意识，学会自我约束，获得基本的生活技能、为人处世的行为准则等。科学的陪伴能使家长在孩子的成长中找到自己的存在感和彼此的精神情感依恋，家长要了解孩子各个成长阶段的需求以及个性差异，发现孩子成长中遇到的问题，营造和谐的家庭氛围，学会共情共享与共处。对于家长而言，科学的陪伴不仅意味着时间与精力的投入，还需要理解陪伴的意义，掌握陪伴的方法，获得陪伴的能力。

现实中父母不会陪伴、不能陪伴、陪伴形式化等“无效”陪伴仍然存在，亲子陪伴的意义尚未充分发挥。“工作太忙，没有时间陪孩子”，这也许是许多家长共同的心声。有效陪伴孩子的基本前提就是要有一定的时间和孩子共处，一起做游戏，一起读书、运动，倾听孩子的心声，观察孩子的喜怒哀乐，对孩子成长过程中身体、心理的健康给予关心并加以引导。如果家长没有一定的时间做保障，不愿意花费时间陪伴孩子，那么孤独感将成为孩子最多的负性情感体验。

亲子陪伴需要一定的时间做保障，但有时间陪伴孩子并不意味着就是有效的陪伴。陪伴更需要建立一种亲密关系，通过互动与交流引导孩子、发挥对孩子的示范与榜样作用。陪伴还应有家长的理性参与，一是指父母在孩子成长过程中的不缺席；二是指家长的理性分析、科学判断，比如处理陪伴与独立、支持与放手的关系，在陪伴的过程中知道哪些事情需要去做以及做到何种程度，这些抚养和教育孩子的相关知识与技能都是家长需要学习与思考的内容。陪伴，其实不难，难的是用心。

---

① 康丽颖：《自觉的家庭教育从学会有效的陪伴开始》，《教育家》2018 年第 25 期，第 23－25 页。

② 习近平：《习近平谈治国理政》（第二卷），外文出版社 2017 年版，第 355 页。

五、好习惯是孩子一生的财富

所谓习惯，是在长时期里逐渐养成的、一时不容易改变的行为、倾向或社会风尚。“它不需要别人督促、提醒，也不需要自己刻意去做，而是主动、自觉的行为。”[①]习惯成自然，孩子一旦养成了习惯就会不知不觉、不假思索地表现出来。习惯有好习惯与坏习惯之分，“一个人假使养成了一种良好习惯的话，他将得到很多的益处，一生受用不尽。假使习惯不好的话，那么，将使他一生蒙受害处”[②]。好习惯的养成一般是自小开始的，等到孩子长大了再去培养则困难重重。除了良好的生活、卫生习惯之外，孩子心理上良好的习惯更应该引起重视，如独立自主的习惯、守时的习惯、做事积极乐观的习惯、不怕困难敢于面对的习惯等。

好习惯是孩子成功的助推器，每一个成功者的背后都可以找到好习惯促进成功的故事。当代的家长过于重视孩子身体的成长，但有时却忽略了好习惯的培养，对孩子百依百顺、过分宠溺，无形中使孩子养成依赖性强、霸道自私、缺乏情绪控制等坏习惯。如果家长不加以纠正，或是见怪不怪，那无疑是一种间接的鼓励，孩子的坏习惯就会慢慢养成。

家长是孩子的第一任老师，每一个孩子坏习惯养成的背后都可以找到家长的影子。当孩子爱指责别人的缺点或是不容许别人说自己的时候，当孩子通过哭闹来获得自己喜欢的物品、满足不合理需求的时候，如果上述行为听之任之，或是家长没有认识到问题的严重性而视为理应如此，慢慢地孩子就会养成吹毛求疵、动辄哭闹等不良的习惯。

行为心理学研究表明：21 天以上的重复会形成习惯；90 天的重复会形成稳定的习惯。同一个动作，重复 21 天就会变成习惯性的动作；同一个想法，在 21 天里重复出现，就难以改变，变成习惯性想法。一个观念，如果被别人或者自己验证了 21 次以上，它就会占据你的心理，形成你的信念。[③] 无论是好习惯还是坏习惯，都不是一蹴而就、轻易养成的，往往有一个从量变到质变的过程。在这一过程中，家长负有很大的责任，家长的言传身教、以身作则、暗示、引领对于孩子的习惯养成有极大的影响。

---

① 关颖：《家庭教育是什么：家庭学习读本》，广东教育出版社 2018 年版，第 91 页。

② 陈鹤琴：《家庭教育：怎样教小孩》，中国致公出版社 2001 年版，第 250 页。

③ 翁山夜雨：《去北大听哲学课　去师大听心理课》，时代文艺出版社 2012 年版，第 169 页。

六、像保护孩子的眼睛一样保护孩子的好奇心

好奇者，知识之门。[①] 每一个正常的孩子都有好奇心，好奇心是个体在兴趣基础上主动探究、试图了解和知道新异刺激的求知的人格特点。[②] 好奇心是个体重要的内部学习动机之一。从孩子成长的眼光来看，世界万物都那么新鲜有趣，好奇心的产生不可避免：电视机里面有什么啊？水龙头里怎么有永远用不完的水？家里的扫地机器人怎么自己会扫地？

好奇心不仅让孩子产生各种稀奇古怪的想法，还会让他们诉诸一些啼笑皆非的行动：因为担心金鱼冷，就把金鱼放进开水里；拆掉自己刚买的玩具，想找出里面唱歌的娃娃；用手去摸高压锅冒出来的热气；把闹钟拆开，想看看里面有什么；等等。好奇心的意义何在呢？好奇心的功能在于激发孩子的探索行为，在好奇心的驱动下，儿童努力同化和顺应信息，优化已有的知识经验，从而带动综合素养的提升，"所以好奇动作是小孩子得着知识的一个最紧要的门径"[③]。

随着社会经济的高速发展，越来越多的人认识到国家的兴旺、民族的振兴、社会的进步仅靠低水平的、高消耗的发展模式是不可能实现的，一个国家的富强必须依靠自身的创造力来实现，"创造力开发是民族生死存亡的关键"也逐渐成为各国的共识。"通往创造性的第一步就是好奇心和兴趣的培养"[④]，而好奇心是需要保护的。我们发现一些孩子在幼年时好奇心很强，但到了小学或中学，好奇心却降低甚至消失了，这都是好奇心没有得到保护的体现，值得家长警惕。

孩子最初好奇心强是因为知识经验不足、缺乏对周围环境的了解，世界在他们眼里是那么陌生和新奇，从而引起孩子的观察、关注、探索、提问等外在行为表现。这些外在行为表现在家长眼里有两种反馈：一是得到家长的鼓励与支持，孩子不断去探索新的未知领域，好奇心也会逐渐内化为孩子的人格特征。二是受到家长的忽视或指责，认为孩子那么多的"为什么"是调皮、让人讨厌，于是这种行为屡屡被家长约束，进而会渐渐消退。家长是孩

---

① 陈鹤琴：《家庭教育：怎样教小孩》，中国致公出版社 2001 年版，第 26 页。

② 胡克祖、袁茵：《儿童好奇心的发展与促进》，安徽教育出版社 2016 年版，第 10 页。

③ 陈鹤琴：《家庭教育：怎样教小孩》，中国致公出版社 2001 年版，第 26 页。

④ 转引自胡克祖、袁茵：《儿童好奇心的发展与促进》，安徽教育出版社 2016 年版，第 41 页。

子好奇心的守护者，有义务为孩子创设温馨、生动、有趣、安全的生活环境，以耐心、鼓励、开放、接纳的心态，让孩子在丰富多彩的世界里自由探索，引导他们尝试答疑解惑，激发他们的内在潜力，点燃他们学习新鲜事物的欲望。

七、每一个问题孩子的背后都有一个问题家长

问题行为在孩子的生活中是必不可少的，但哪些是真正的问题行为，哪些只是“与其年龄相称”的行为，如何基于科学合理的判断给孩子提供适切性的引导与支持，实践中很多家长还缺乏对这些问题的系统考察与反思，对孩子问题行为判断的随意性还比较普遍。

关于问题行为的界定是个复杂的事情，许多学者从个体的成熟程度、家庭的教养实践①、学校教育的作用②等多个层面进行了研究。也有学者将问题行为分为内化问题行为和外化问题行为，前者是孩子在心理上体验到的消极情绪，包括焦虑、抑郁、退缩等；后者是孩子违反社会规范的非适应行为，包括攻击、反抗、盗窃、逃学等。③

在生活实践中，家长通过观察、亲子互动等方式对孩子的外化问题行为有了更多的了解，但外化问题行为的背后还存在哪些内化问题，或者问题行为又蕴含哪些积极要素，很少有家长从这个视角进行思考。此外，孩子的问题行为一般都可以在孩子与成人的互动以及成人的反应中找到关联性。也可以说，家长的反应会导致孩子问题行为的有效解决或恶性循环。如果家长对孩子的期望超出了孩子的实际能力，或者家长不清楚孩子的真正需求，仅仅按照“想当然”或“父辈经验”来教养孩子，可能会无形中导致孩子问题行为的产生。

没有哪一个家长不希望自己的孩子成功、成才，人们都希望自己孩子的智商高，比同龄的小朋友聪明，这种“望子成龙、望女成凤”的心态体现在家庭教育上就是对孩子高要求、高标准、高期待。家长之所以会对孩子的期待

---

① Herbert M. Clinical child psychology(Chicheste: Wiley, 1991)pp: 35—36.

② Roffey S. School behavior and families: a framework for working together(London: David Fulton, 1992)pp:117.

③ Achenbach T M. Manual for the child behavior checklist/4-18 and 1991 profile(Burlington, VT: Department of Psychiatry, University of Vermont, 1991)pp:288.

如此之高，一方面可能是家长有意或无意地将自己没有机会实现的愿望寄托在孩子身上，希望孩子代替自己弥补人生的遗憾；另一方面是随着社会竞争的日益激烈，家长的焦虑也与日俱增，特别是受到周围环境的影响，担心一不小心就掉了队，从而被迫与“鸡血”家长们保持一致。也有的家长陷入“比孩子”的恶性循环，希望孩子各方面都出类拔萃，从而获得在别人面前引以自豪的谈资。一旦孩子在某方面不如别人家的孩子，家长就会感到丢面子，就会把因丢面子而产生的负面情绪传达给孩子。

家长对孩子不切实际的期待往往会给孩子带来种种心理上的困扰，更有可能欲速则不达，产生一些家长不希望看到的问题行为：孩子的缺点，总是越改越多；孩子的坏习惯，总是越改越差；孩子的性格，也越改越不敢说话。更多的时候，孩子由于无法满足家长的要求，产生焦虑不安、恐惧自责的心理，导致自信心的丧失和学习动机的降低，有时会出现逆反、消沉、麻木、颓废等心理，影响亲子关系的和谐。

八、孩子成长的道路上父爱不可缺席

研究显示，很多家庭教育的误区在于忽视父亲在家庭教育中的作用，“孩子成长、父爱缺席”成为一些孩子一生都不可磨灭的伤害。我们经常看到很多男孩子性格非常阴柔，缺少男生应有的勇敢与坚强，而很多女孩子也失去女性应有的温柔，很多社会学者和心理学家发现，造成这些现象的最根本原因就是父亲在家庭教育中的缺位。[①] 在大部分家庭里，爸爸主外、妈妈主内，爸爸负责挣钱养家，妈妈负责养育娃娃，好像养育孩子成了妈妈一个人的事情。也有的爸爸很爱孩子，但苦于太忙，教育孩子心有余而力不足，即使见面也总是说教，这其实忽视了亲子关系的建设。

我们会成为什么样的人，很大程度上取决于成长过程中的亲密关系。父亲为家带来了安全感、价值观、热爱学习的探索精神。3 岁之前，孩子对妈妈的依赖更强，随着孩子进入幼儿园，孩子更希望与爸爸建立亲密的关系。孩子喜欢被爸爸关注，喜欢被爸爸肯定与认可。如果爸爸能够捕捉到孩子真实的需求，给孩子更多的关怀与陪伴，孩子的安全感、自我价值感、自信心就会大大增强。反之，如果爸爸的角色在家庭里变得疏远、冷漠，让孩子害

---

① 陈雪：《爱从懂得开始》，中国社会出版社 2018 年版，第 51 页。

怕，这个孩子就会极度缺乏安全感，也无法树立正确的价值观。

“工作忙”也许是很多爸爸共同的托辞，在调研中，一些孩子表示很长时间看不到爸爸，每次家长会基本都是妈妈来。忙，也许是这个社会的常态，我们总有忙不完的工作，忙不完的应酬，忙不完的出差，但再忙爸爸们也要有“孩子成长、父爱不要缺席”的意识，要尽量抽出时间，利用一些生活环节积极参与孩子的教育。比如，每天晚餐后进行一次亲子阅读，时间为20分钟左右，如果不能每天都进行，每周至少保证一次，这样不仅能够增进亲子关系，而且对孩子的自信、阳光心态的培养都有很大的帮助。还可以参与到孩子的游戏中来，下棋、踢球、放风筝……这些活动不仅拉近了亲子之间的距离，更可以让孩子在游戏中对规则的遵守、困难的克服、成功的喜悦有更深的体验，也留下了难忘的童年回忆，而这恰是父亲在家庭教育中独特的作用。

九、对孩子要合理期望

“一般说来，每个孩子都是父母眼中最特别的人。为人父母者不只期望子女与其他人表现一样，更期望子女出类拔萃。”①但这却无形中滋生了对孩子的不合理期望。期望表达了成人对孩子的一种教养目标——“去哪儿”，即我们希望孩子成为什么样的人。目标清晰了以后，我们就要判断孩子现在“在哪儿”，也就是孩子的现有基础如何。特别是学龄前幼儿尚不具备清晰表达自我认知、情绪情感、社会性发展等方面的能力，因此，“读懂孩子”，了解孩子的现有基础与发展水平就显得尤为重要。在此基础上，就要考虑“如何去那儿”，即通过哪些途径与方法促进孩子的成长。但前提是，我们给予孩子的期望是否合理？是否尊重了孩子的意愿？是否遵循了孩子的身心发展阶段特点与教育规律？《3—6岁儿童学习与发展指南》特别强调幼儿园教师和家长要了解3—6岁幼儿学习与发展的基本规律和特点，建立对幼儿发展的合理期望。不合理的期望不仅会引发孩子的焦虑感、挫败感与自卑感，还有可能会让孩子身心疲惫、怀疑自己、看不起自己，也不利于其今后的健康成长。

---

① ［美］丽莲·凯兹：《与幼儿教师对话：迈向专业成长之路》，廖凤瑞译，南京师范大学出版社2004年版，第175页。

每个孩子都有自己的“发展时间表”，对孩子的合理期望也应遵循一定的原则。首先，合理期望应基于幼儿的最近发展区。家长的期望过低或过高，对孩子都起不到促进发展的作用。家长的期望应基于孩子的最近发展区，帮助他们通过已有经验进行迁移进而获得新经验。通过亲子活动，家长可以观察孩子的行为表现，认真倾听孩子的心声，从行为和语言等方面对他们的能力进行深入的了解，从而比较准确地确定孩子的最近发展区。

其次，合理期望应依托持续性的正确评估。通过与孩子在一起生活、学习，父母要能够判断孩子已经知道了什么，具备哪些能力，他们的动机、观点以及他们的兴趣点是什么。这种判断更多地依赖于家长对孩子的日常行为进行细致的、持续性的观察，并在观察过程中保持高度的敏感性。

再次，合理期望应立足于孩子的兴趣和需求。学习兴趣是孩子终身学习与发展必需的品质，每个孩子的兴趣和需求是因人而异的。家长要避免那些不切孩子实际情况的期望，要正确评估孩子的认知特点、兴趣、需求等，要清楚自己期望的是不是孩子所感兴趣的或钟爱的。家长要以孩子自身为参照物，而不是以“别人家的孩子”作为期望的参照物与出发点。“凡是有利于孩子个性的东西，就要选择加强，而与孩子个性不适合，或者超过孩子学习程度的东西，就要选择舍弃，即使‘忍痛’，也要果断‘割爱’”。①

最后，合理期望应着眼于孩子的全面发展。我们应当培养一个和谐发展的完整儿童，而不是忽视孩子的多种需要，在其各方面潜力还未发挥时就被抑制，过早地分化而使孩子片面发展。“每一个孩子都是有着明显个性特征的独立的个体，他们的认知和表现方式理应受到家长的关注和理解。他们的天赋是方方面面的，关键在于父母的发现与挖掘。”②

十、亲子共同成长

“家长”的身份与角色是随着孩子的出生自然产生的，其门槛很低，没有所谓的持证上岗，也几乎没有专门的业务培训或能力考核，更多时候是一边当家长、一边摸索学习，或是仅靠有限的父辈教养的经验来与孩子互动。从中不难看出，做个合格的家长确实需要不断学习，其角色要随着孩子的年

---

① 陈钱林：《家教对了，孩子就一定行》，教育科学出版社 2015 年版，第 21 页。

② 卡尔·威特：《卡尔·威特教育成功学教程》，弘露沛霖编译，中国商业出版社 2010 年版，第 143 页。

龄、身心发展特点等成长变化不断转换。从这个意义上来说，亲子共同成长是一个永恒的命题。

教育培养孩子，家长首先要有自我提升、自主发展的意识。“家长是孩子的一面镜子”，家长的言传身教、以身作则，对孩子的成长起着至关重要的作用。要求孩子做到的，家长要考虑自己能否做好；要求孩子遵守的规则，家长也要反思自己的约束力如何。如果孩子在不断成长，而家长只是“原地踏步”，那么家长对孩子的威信难以建立，也无法用正确的人生观、价值观引导孩子，更遑论家庭教育的有效性！

我们经常发现一些家长在交流孩子情况的时候，总是对孩子的行为不满意，也想当然地认为一切都是孩子的错，“这孩子一点都不听话”“我跟他说什么，他都有一百个理由等着我”“明明是自己不努力，还说我没有辅导他”……还有的家长很有“心得”，“这孩子最怕他爸爸了，只要一说‘你爸爸来了’，就老实了”“只要我喊一二三，保准不哭闹了”“孩子不能惯，该揍就要揍”，看似这种方法短期内很有效，但回到原点思考，孩子只是因为“害怕”“恐惧”而遵从家长的教导，其心智成长问题并没有解决，因为家长并没有和孩子共同成长，没有真正理解孩子问题行为背后的真实需求，也没有提供符合孩子成长特点及节奏的家庭教育环境和亲子互动模式。

因此，家长对孩子的问题行为“见招拆招”或充当“救火队长”，却不反思自身的教育观念、教育行为是否合理，家庭氛围的营造是否民主和谐，其结果必然导致亲子之间的矛盾冲突。从这个角度来说，亲子共同成长，家长才会以实际行动潜移默化地影响孩子，才会将健康向上的正能量渗透进孩子的心灵，这样的人生对家长、孩子都是那么丰富多彩、充满生机与活力。

专题三

情绪管理

情绪没有好坏之分,它只是人们对环境的一种反应。对情绪的理智分析并不利于解决问题,家长要学会体会孩子、倾听孩子,在孩子情绪表达的基础上帮助孩子解决问题。

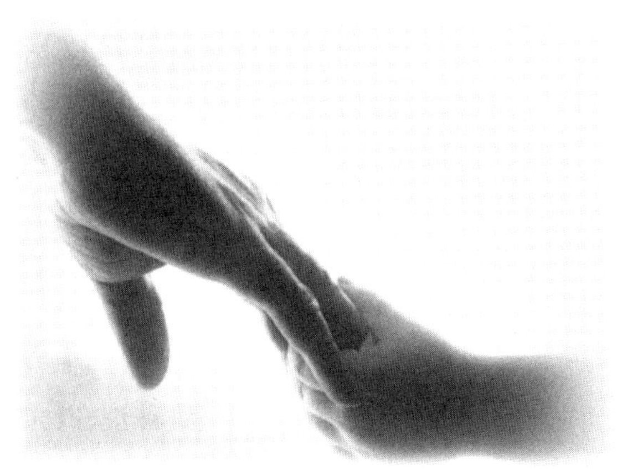

第一节　科学理解情绪

情绪渗透在我们每一个人的生活之中。在幼儿期，孩子已经具备了快乐、恐惧、悲伤、愤怒等人类基本的情绪，他们的情绪体验、情绪表达和情绪调节也无时不在影响其社会性的发展，《3—6岁儿童学习与发展指南》也特别指出应使幼儿保持良好的情绪状态，形成积极稳定的情绪情感。有效的情绪管理有助于孩子保持稳定的情绪和良好的情绪状态，进而影响其生活、学习和发展，对孩子各方面的发展具有积极的影响。家庭作为我们成长和生活的重要场所，是孩子情绪管理能力发展的重要影响因素。

一、厘清情绪的基本内涵

“每次孩子一睡醒就哭”“宝宝每天上幼儿园如同打仗似的，他说不喜欢幼儿园，不想去”“我家孩子太淘了，一点也不听话，很固执”“我担心孩子是不是多动症，特别容易冲动”“孩子每次要东西，都要通过哭闹来解决，稍微不如意就哭闹不止”。上述现象可能很多家长并不陌生，他们也采取了一些针对孩子情绪管理的训练方法，但也有一些家长由于对情绪的理解存在误区，特别是对儿童情绪管理的方法与孩子的特点缺乏正确的认知，导致效果甚微。因此，科学理解情绪是对孩子进行正确情绪辅导的前提和基础。

1. 情绪本身并无好坏之分

我们经常说要克服不良情绪，那么，情绪有没有好坏之分呢？心理学上一般将情绪分为正向情绪与负向情绪，喜爱的反面就是厌恶，喜悦、高兴与沮丧、难过相对。然而，有时候我们却过度扩大解读而对情绪产生一些认识误区，比如“如果孩子发脾气，就表示这个孩子没教养”“孩子顶撞家长就是不尊重家长，是没有礼貌的表现”。所以，当孩子与家长意见不一致时，或是孩子挑战家长的权威时，家长可能会维护自己的威严进而全盘否定孩子。

这种误区在于把“情绪”与“负向解读”密切结合在一起，认为情绪除了快乐之外都是不好的。其实，正向情绪与负向情绪都是可以并存的，“情绪没有好坏之分，它只是人们对环境的一种反应”①。每种情绪都有它独特的价值，透过情绪我们可以贴近自己、了解他人，更好地体验完整的生活。

2. 情绪的能力是整体的

一些家长也能认识到家庭教育重在言传身教、以身作则，因此认为要做好孩子的示范榜样，就要力争不在孩子面前表现出生气、难过、悲伤等消极情绪，而是要有针对性地选择某种“积极向上”“自信乐观”的情绪。实际上，家长的这些观念都是非理性的，也是不可能实现的。当家长面对工作压力、人际交往、子女教育、老人赡养等诸多事件时，消极情绪是不可避免的。如果过于压抑自己的情绪，一些悲观、倦怠、紧张等感受就会不断累积，而感受快乐、爱与幸福的能力就会受到限制。实际上，情绪的能力是整体的，只有自由地体验各种情绪，才能感受更多流畅的情绪。②

3. 隐藏情绪并不能真正解决情绪问题

家长的角色与身份决定了家长在孩子面前不能轻易流露情绪，特别在公众场合，家长通常会不自觉地隐藏自己的情绪，或是将强烈的情绪转换为温和的、不具有杀伤力的方式，这也是成人社会化的一种表现。这种对情绪的隐藏与转换也叫情绪的防卫机制，其目的是对抗生活中的焦虑，从而降低心理冲突。③ 成人如此，孩子也同样会隐藏或转换情绪。特别是当孩子担心受到惩罚、环境所限、亲子关系紧张时，其防卫机制更为明显。如果孩子过于隐藏情绪，其真实的情绪便无法表达，孩子的部分能量就要消耗在压抑怒气、控制悲伤的过程中，越压抑，越需要花费更多的精力，其结果常导致孩子心理状态失衡，引发其内在的焦虑。

4. 情绪表达的目的是沟通

在日常生活中，我们经常发现家长在表达情绪时更多是尝试改变或控

---

① 陈冲：《大学生心理健康教育与心理素质训练》，山东大学出版社2015年版，第92页。

② 蔡秀玲、杨智馨：《情绪管理》，安徽人民出版社2001年版，第165页。

③ 蔡秀玲、杨智馨：《情绪管理》，安徽人民出版社2001年版，第151页。

制孩子。“妈妈生气都是为了你好”“你一定要听话，否则对不起爸爸，也对不起妈妈辛苦地工作”“你怎么可以这样对妈妈说话，太没礼貌了”“你今天的表现让妈妈很失望”，上述家长的情绪表达无一例外都是在指责孩子，都是在发泄一种情绪，其结果只会让亲子关系紧张，并没有收到应有的促进亲子沟通、使亲子关系更加和谐的正向作用。正确的情绪表达是一种分享感受、加强沟通的表达方式，而不是攻击、指责、批评或抱怨。情绪表达是为了让内心的感受找到出口，为了让彼此双方加深了解。也可以说，“表达情绪的目的是为分享而不是改变”①。

5. 对情绪的理智分析并不利于解决问题

当孩子因为同伴冲突、宠物受伤或是没有获得心仪的小红花而有消极情绪时，家长通常是分析事件的来龙去脉、摆事实、讲道理，完全忽略了孩子的感受。“我给你说过多少次了，不要和豆豆玩，他好欺负你，你这是自作自受”“不让你养小猫，你偏要养，哪有时间照顾它”“小红花有什么了不起，妈妈给你买玩具去”。家长的理性分析，缺乏的是对孩子情绪的共情，亦即家长没有进入孩子的世界，也没有理解孩子所看见和体验的世界，仅仅是将自己的观点强加其中，并没有对孩子的行为做出准确的反馈，最后换来的可能是亲子之间的距离加大或是孩子消极情绪的进一步累积。

第二节　儿童情绪的探索

儿童的情绪随着年龄增长而发展，情绪世界也经历了一个丰富多彩的发展过程。随着孩子的发展，家长也要持续调整自己的生活，去适应孩子最新的需求、恐惧、兴趣与能力。在这一过程中，有一件事始终没有改变：每一个孩子都渴望与关爱、体贴的家长心灵相通、情绪相连。这里将重点对婴儿期与幼儿期两个阶段的儿童情绪进行探讨。

一、婴儿期(1—3 岁)

1. 自我意识开始发展

这一时期对婴儿来说是一个有趣又刺激的阶段，孩子开始发展自我意

① 蔡秀玲、杨智馨：《情绪管理》，安徽人民出版社 2001 年版，第 252 页。

识，并且开始探索他的自主权。有经验的家长会发现孩子变得比较任性、倔强，经常变得不肯让步，“不”“我的”“我要自己做”也成为这一时期孩子的口头禅。作为家长，要时刻秉持一个理念：学会站在孩子的立场来看待冲突与挑战。此时孩子的主要任务是将自己建立成一个独立的幼小生命，家长要努力避免让孩子感到无助、失控、不安全，可以给孩子许多小的选择权，相对于“外边太冷，你一定要穿外套”，不如换成“你今天想穿什么呢？羽绒服还是毛衣？”如此话题的转换，会让亲子之间的沟通更加顺利。

2. 缺乏与同伴分享的技巧

尽管这一时期的孩子比较倔强，但他们也会变得对其他小朋友越来越感兴趣。研究发现，男孩子比较喜欢小男孩活动的内容，女孩子更喜欢小女孩活动的内容。虽然孩子们之间可能会被彼此强烈吸引，但他们仍然缺乏一起融洽游戏的社交技巧。事实上，当孩子试图一起玩耍与分享时，常常会发生同伴冲突与矛盾，这其中正是对所谓“主权规则”的维护。“我看到的，就是我的”“如果是你的，但我喜欢，那也是我的”“我的，永远是我的”。家长应该明白，这种态度并不是孩子自私，只是孩子处于自我中心主义阶段，是在发展自我意识时的表现方式。孩子不会从他人的角度看问题，也不能换位思考，无法了解别人可能有不同的感觉，因此，分享的观念对孩子来说还比较难以理解。

3. 开始对角色游戏感兴趣

孩子一般从 2 岁开始出现一些象征性的游戏行为，即假扮他人或物的行为，这说明孩子开始有储存行动和事件记忆的能力，可以在随后的行为中重新想起来并加以模仿。我们经常可以看到孩子假装用树叶、纸、盘子等做饭，然后一起享用或把自己做好的饭送给其他人吃；一个孩子“生病了”，“家长”打电话叫“救护车”，“医生”在给“病人”打针；孩子很温柔地给玩具娃娃说晚安，或是严肃地责骂洋娃娃不当的行为。不难看出，这些游戏内容主要来自孩子的生活经验，是孩子对现实生活的积极再现。同时，角色游戏对家长们也是一个深切的提醒：孩子会观察他周围的人，并从中学习到许多如何处理自我情绪的方法。

二、幼儿期（3—6 岁）

随着进入幼儿园，孩子可以更多接触到外面的世界，开始认识新朋友、生活在不同环境里、学习到很多新鲜刺激的事物。但伴随而来的也有新的挑战:幼儿园很好玩,但要遵守一些规则;即使自己很喜欢某件玩具,也不能自己独享;要学会和同伴友好相处,尽管有时候同伴让自己生气或伤心。要战胜这些挑战,孩子必须有调整自我情绪的能力,这也是幼儿面临的一项重要发展任务。

1. 通过同伴关系,学习调整情绪

在幼儿园,孩子与同伴的关系最有助于孩子发展调整自我情绪的技巧。孩子会学到如何表达和沟通,在不被对方了解时如何阐述自己的意见;针对游戏中的角色扮演、玩具数量少等情况,他们会学到如何轮流、如何分享、如何找出共同游戏的方式,以及面对冲突时如何解决等。他们也逐渐走出自我中心主义,学会如何体会别人的感受、愿望与需求。同伴关系为孩子的情绪发展提供了一个资源丰富的"场域",家长一定要多给孩子提供同伴交往的时间与空间。即使是年龄很小的孩子,也会和其他孩子建立牢固长久的感情,家长应该认真对待并尊重这样的关系。

此外,家长也可能会发现孩子与同伴在排斥第三个孩子,或是孩子受到其他两个孩子的排斥,这种情况都是正常的,并非出自孩子恶劣的品性,只是他们单纯地想要保护两人建立起来的这个游戏。由于孩子的语言表达及思维发展还受到限制,无法以第三个孩子理解或可接受的措辞表达,只能以比较粗野、不礼貌的方式——"你走开,你不是我们的朋友""我不想和你玩,我只和他玩"。对此,家长一方面可以指导孩子如何友善地处理同伴关系,如语言措施、交往技巧;另一方面可以帮助被孤立的孩子寻求解决的方法,如邀请另一个孩子来玩,或是通过其他有趣的活动转移注意力。

2. 借助角色游戏,保持心理平衡

如果幼儿长期处于一种紧张、焦虑等不良情绪状态,会导致食欲减退、消化不良、心跳加速、血压和呼吸不正常,甚至会诱发疾病。通过角色游戏,孩子不仅学会了一些交往技巧,还可以宣泄焦虑、恐惧、气愤和紧张等消极情绪,从而减轻或克服不良心理体验,达到心理平衡。如,幼儿害怕打针,但在游戏中喜欢玩"打针",通过再现痛苦的体验,减轻害怕的程度,体验战胜恐惧的愉快;在游戏中还能转换角色,扮成"医生"给别的"小孩"打针,缓解对医生和打针的恐惧感。在游戏中,幼儿可以用比较妥当的方式表现自己的情绪,设法控制自己不良的情绪。

通过观察可以发现，男孩特别爱玩黏土，他们在玩黏土时一系列的挤、压、捏、摔等动作，都具有宣泄功能。有的幼儿有时喜欢反复搭积木，然后又用力地把积木推倒，这也具有宣泄意义。在玩“娃娃家”游戏时，有的幼儿喜欢把布娃娃的裤子脱下来，然后狠狠地打它的屁股并口中念念有词。只要注意观察，就可以发现幼儿通过游戏发泄精力和情绪之后，他们的脸上总会露出一种满足和愉快的表情。① 因此，家长可以利用角色游戏，来和这一时期的孩子沟通交流。孩子一般会将自己的想法、愿望、失落和恐惧投射到玩具娃娃或其他物品上，而家长也可以假扮成“娃娃”或“病人”，鼓励孩子进行情感的探索，并及时为他们提供安慰或鼓励。

3. 面对各种恐惧，引发焦虑感

恐惧心理是幼儿早期发展中的一个正常方面。心理学研究的结果进一步证实，足有百分之九十的幼儿在学前期存在着某种程度的恐惧心理。② 这些恐惧心理有的具有真实性，如害怕黑暗、闪电，害怕被遗弃，害怕父母冲突；有的也许完全是幻想和虚构，如害怕鬼魂、害怕死亡。有的家长看到孩子不听话，喜欢说“不听话就不要你了”，也许是随意的一句话，但对孩子来说会信以为真，也会引发一定的焦虑感。

有的家长闹矛盾，却没有顾忌孩子的感受，甚至是当着孩子的面爆发激烈冲突，这都会让孩子感到焦虑不安，感觉父母的冲突会危及自己的安全。年龄稍大的孩子更害怕父母的冲突将导致离婚或分居，他们会自动承担起导致冲突的责任，以为父母冲突的原因在于自己没有听话、太调皮、不好好吃饭等。有的孩子甚至认为自己有解决冲突的能力，而维系家庭是他们的职责。

鉴于此，家长要避免孩子过分介入成人之间的冲突，即使偶然孩子看到家长之间的冲突，也要让孩子看到这场冲突是如何化解的，这才能对孩子有所帮助。实际上，孩子可能不太明白解决冲突时所用的语言，但是看到父母最后能和好如初，他们将会获得极大的安慰。

---

① 曹中平、韦丹、蔡铭烨：《幼儿园游戏指导》，北京理工大学出版社 2018 年版，第 48—49 页。

② 杨汝钧：《儿童的成长与父母的责任》，河北教育出版社 1991 年版，第 45 页。

第三节　帮助孩子进行情绪辅导

良好的情绪状态是儿童心理健康的重要指标，也是个体生命发展的核心动力。一般来说，如果孩子在情绪上有明确的目的性，表达方式恰当，情绪反应适时、适度，积极情绪多于消极情绪，这就是良好情绪状态的体现。儿童情绪自我调节的能力受大脑和神经系统的发育影响很大，学龄初期的儿童由于大脑皮层的主动抑制过程比兴奋过程弱，因此，情绪大多表现出情境性、冲动性和不稳定性的特点，情绪的自我调节能力比较弱。但进入青春期后，受大脑迅速发育的影响，孩子会产生持续强烈的情绪反应。而随着大脑皮层发育的成熟，大脑皮层各部位发育逐渐平衡，情绪也趋于平稳。

但在实践中，无论是家庭还是学校，漠视和压制孩子情绪的现象比比皆是。当孩子哭了，家长会冷漠无情地喊“停”“再哭就出去”，一下子让孩子把所有的情绪都憋回去了。有的家长喜欢用奖励来引导孩子的情绪，“如果不哭就带你去吃麦当劳”“别难过了，给你买你喜欢的玩具”。也有的时候，当家长的“晓之以理、动之以情”都无法见效时，冲动的家长也会按捺不住火爆的脾气，对孩子大打出手。

但事实是，如果不尊重孩子的情绪，如果不能以同理心对待孩子，帮助他们认识和处理自己的负面情绪，长此以往，容易导致孩子的植物性神经系统活动紊乱，损害其身心健康。因此，孩子的情绪需要辅导，而且是可以辅导的，这对家长也提出了一定的挑战。

一、体会感受

对孩子进行情绪辅导的前提是体会孩子的感受，孩子的感受主要基于其快乐、高兴、悲伤等本能。以“吃零食”为例，家长强调饭后吃零食是不好的习惯，对身体不好，这是基于正确与否的动机；孩子喜欢饭后吃零食，他感到很快乐，这是基于愉快与否的动机。也就是说，家长在讲理，孩子在讲情，一个是应该做的事情，一个是想做的事情，双方发生冲突自然难以避免。也许在家长看来，孩子要在这个社会上生存，就必须要做应该做的事，这样才有可能被他人认同，这都是为了孩子好。但这种“为孩子好”的初衷由于忽略了孩子的感受，只是讲道理，对孩子情绪的调节收效甚微。

一方面，孩子在家里不可能永远只做应该做的事，他也应有机会做他想做的事，其本能的欲望也有得到满足的需求。另一方面，学龄前孩子头脑里还没有那么多的对错标准，他们在做一件事的时候，更多考虑的是“我想不想”，而不是“我应不应该”。因此，体会孩子的感受，就要在“情”上转换思维。“为什么想吃零食，是因为今天的晚饭不合你的胃口，你没有吃饱吗？”“那少吃一点，零食吃多了对身体不好。”上述亲子沟通中，家长始终在讲情，放下绝对的对错标准，主动去体会孩子的感受，探寻孩子想吃零食的原因，这就是共情。一个会共情的家长，更容易理解孩子；反之，就可能会制造亲子之间的情感鸿沟。[①]

当然，体会孩子的感受很重要，并不意味着家长就很容易做到。特别对于孩子某些过激的情绪表现，家长并不能做到理性、耐心，往往会不知不觉地先入为主，因为在家长看来，孩子的坏情绪不可以接受。有的孩子因为和同伴玩耍发生了冲突，生气之余可能会说出一些过分的话：“我恨透他了！死掉算了！让他在我眼前消失！”实际上，孩子并不了解“死”真正意味着什么，只是借助这个词来表达不想再看到对方的心情。

但从家长的角度看，这些话语显然无法让他们接受。最有可能的就是家长立即训斥孩子：“住口！不许那样说！”“你怎么能说出这样可怕的话！”“太没有礼貌了！”家长一旦用这样的口吻与孩子沟通，情绪辅导可能就会以失败而告终。[②] 鉴于孩子年龄的特点，即使孩子有时候在表达情绪的时候言辞过激，家长也应该对情绪本身保持认同态度：“看来你是真生气了，希望小伙伴在你眼前消失是吧”“哦，你朋友那样做，换做是我我也不高兴”。家长只有正视孩子的情绪，不存在任何偏见地接受它，对孩子的情绪辅导才有可能。

二、倾听孩子

一旦家长能够体会孩子的感受，下面就可以展开情绪辅导的最重要一步——倾听孩子，这也是亲近孩子并引导他们解决问题的机会。倾听不只是以双耳来搜集信息，而是具有同理心的倾听，家长更会利用双眼去观察孩

---

① 方向苹：《从 0 到 1：搭建有效沟通的亲子桥梁》，中国铁道出版社 2017 年版，第 121－124 页。

② ［美］约翰·戈特曼、［韩］崔成爱、［韩］赵碧：《孩子，你的情绪我在乎：为我亲爱的宝贝情绪管理训练》，李桂花译，东方出版社 2018 年版，第 155 页。

子表现情绪时的身体证据。他们会运用想象力，以孩子的观点来检视整体状况；他们会运用语言，以安抚、非批判的方式反映他们所听到的信息，并帮助孩子表现自己的情绪。而最重要的是，他们会用心去感受孩子的情绪。具体来说，一是要注意孩子的表情和肢体语言。如果孩子紧缩眉头、下巴僵硬、双脚颤抖，那表明孩子紧张、恐惧或压力过大，此时家长应和孩子的眼睛平视，呼吸放松，专注地看着孩子，也就是通过自己的身体语言与表情告诉孩子："别怕，我很想听你说话，也愿意陪伴你。"

二是做出同理心的回应。当孩子表露情绪时，家长应根据所听到的、注意到的事提出回应。"刚才他们不理你，你一定很难过吧。""要是我的玩具摔坏了，我一定会很伤心的。"这种回应是站在孩子的立场上，不是与孩子争论，也不是理性地运用逻辑分析，优先考虑的就是在倾听时肯定孩子的感受。

三是不要紧迫质问孩子，要学会贴心分享。"你为什么伤心呢？"这种质问一般会让孩子摸不着头脑，因为孩子并没有太多反省的经验，可能无法立刻说出一个答案来。另外，伤心的原因可能有很多，可能是刚才妈妈批评了，或是太疲劳想睡觉，也可能是不想去上学，但要让孩子清楚地说出来，他不一定能做到。即使孩子能说出一个所谓的理由，他可能也会担心这个"理由"并不足以贴切地反映他的感受。而贴心分享则是通过家长的观察、想象，表达出对孩子的关注。

同理心的倾听还表现在家长以自己生活中的例子作为验证，来表达自己对孩子的理解。"妈妈小时候也一样怕黑，长大后发现那些可怕的东西并不存在，都是自己想象出来的。"这就比"不用害怕，真是胆小鬼"更容易让孩子接受，孩子会确信自己的感觉是有根据的，由于被家长理解，孩子就会获得同理心和安全感，亲子关系也更加融洽。

三、情绪表达

孩子在经历情绪时，如果不能明确具体的情绪色彩，或是有不舒服的感觉但却无法正确地表达出来，孩子的情绪也就无法彻底平复，心情也难以平静。因而，家长有必要帮助孩子进行情绪表达，这也是情绪辅导的重要环节。感受情绪是"右脑"的功能。当右脑有所感受并发出某种信号时，左脑就会接收信号，并准备应对方案。不过，如果情绪没有明确的"名字"，左脑便很难搞清楚右脑发出的信号，最终因无法准确判断来自右脑的信号，而无法做出相应的反应。

如孩子很生气，有时是因为不如别的小朋友而生气，有时是因为自己应该做好的事情没有做好而生气，前者是出于自卑，后者更多是一种好胜心。若是将两种情况同等对待，孩子的情绪势必混乱，并不能真正解决问题。鉴于此，"为情绪之门安装把手"就显得很有必要。① 这个"把手"可以将右脑感受到的情绪，与具有语言处理功能的左脑联系在一起，当孩子遇到情绪变化时，可以很容易判断自己所经历的是何种形式的情绪，应采取何种方式对待。

家长帮助孩子进行情绪表达，并不是告诉孩子应该有什么感受，而只是单纯地帮助他们组织一些词汇和说法来描述情绪。孩子越能精确地以言词表达感受，就越能收到成效。如孩子和同伴因为玩滑梯发生冲突，孩子打了同伴。如果家长引导孩子叙述情况，并进行情绪表达，将孩子的感受与事件联系并整理出来，孩子就会知道家长理解了自己当时的感受，就能更客观地回顾自己当时是如何表达情绪的。而当孩子以自己的语言来表达情绪时，他们会在力所能及的范围内想出合适的词汇，描述事件更快捷且准确，也更容易与别人沟通。因此，家长应尽可能地帮助孩子，让他们自己表达情绪，这也为下一步的问题解决提供了坚实的保障。

四、解决问题

一旦家长花时间倾听孩子的诉说，并且帮助孩子了解、表达自己的情绪后，会发现孩子已被引入解决问题的过程中。有学者针对问题解决订立了五个步骤②：

步骤一：设定规范，这对年龄小的孩子尤其重要。如果一个孩子以打人来表达自己的负面情绪，家长在了解孩子打人背后所隐藏的情绪并且帮助孩子表达感受后，就要明确地让孩子知道：打人是不对的，也是不能被宽容的。要让孩子明白，所有的感觉与愿望都是可以被接纳的，但并非所有的行

① [美]约翰・戈特曼、[韩]崔成爱、[韩]赵碧：《孩子，你的情绪我在乎：为我亲爱的宝贝情绪管理训练》，李桂花译，东方出版社 2018 年版，第 170 页。

② [美]约翰・戈特曼、[韩]崔成爱、[韩]赵碧：《孩子，你的情绪我在乎：为我亲爱的宝贝情绪管理训练》，李桂花译，东方出版社 2018 年版，第 173 页。

为都能被接受，家长规范的应该是行为，而不是情绪和欲望。“琪琪拿走了你的玩具，你很生气。要是我也会生气，但你打他是不对的。”然后，家长可以引导孩子思考一些较为适当的方法，来处理负面情绪。

步骤二：确认目标。这一步骤是为了确认解决问题的目标所在，家长要与孩子沟通，“对于眼前这个问题，你希望获得什么样的结果”。不过，有些问题的解决办法很复杂，如孩子的宠物死了，孩子的好朋友转学了，孩子的目标可能就只是接受结果或寻求安慰。

步骤三：思考可能的解决方案。家长要和孩子一起思考、讨论各种问题的解决方案，特别要注意家长不能越俎代庖，要鼓励孩子去孕育自己的想法。

步骤四：根据自己家庭的价值观，评估各种解决方案。家长和孩子应检验每个解决方案的合理性，在考查每个解决方案的过程中应提出如下问题：这个解决方案公平吗？有效吗？可靠吗？我会有什么感觉？其他人又会有什么感觉？这可以让家长和孩子共同探究要对某些行为设定规范的必要性，其中家庭的价值观也借此得到了强化。

步骤五：帮助孩子选择一个解决方案。假如家长和孩子评估、筛选过各种解决方案，可以鼓励孩子选择一种或几种方法进行尝试。有时，尽管家长也希望能帮助孩子做出理想的决定，但孩子在错误中也能有所收获。家长要帮助孩子分析失败的原因，然后再重新讨论其他的方案，这会让孩子明白：失败中也蕴含着成长，每一次的调整只会离目标更近。

专题四

亲子沟通

在教养孩子的问题上，亲子关系的质量远远比某一具体的教育方法来得重要。亲情永远是孩子健康成长的动力。亲子沟通，家长需要保持一颗平和之心，努力做到用心、耐心、细心、悉心，这样才能拉近和孩子的距离，这也是家长走进孩子内心世界的捷径。

第一节 亲子沟通应秉持的原则

作为家长，"当我们允许'孩子'一词让我们对人的尊重不同于我们对不被称为'孩子'的人的尊重时，'孩子'这个词就很危险"①。在调研中我们经常发现，家长认为让孩子按照自己的意愿做事是应承担的"责任"，是"为了孩子好"，认为让孩子听话是家长的工作，但事实上孩子的抗拒、亲子之间的冲突却经常发生。即使有时候孩子也知道家长的目的，也通常愿意去做，但孩子仍可能会抗拒。

实际上，"在教养孩子的问题上，亲子关系的质量远远比某一具体的教育方法来得重要，在影响家庭教育的诸因素中亲子关系直接决定着家庭的教养水平，从而影响着孩子的发展"②。而家庭成员彼此间交流信息、情感、态度来共同达到了解、信任，则是亲子沟通的过程。

家，确实不是一个完全讲理的地方。亲子之间良好的沟通，传达的是无条件的爱与尊重以及对孩子的接纳，可以让孩子不再抗拒，从而享受生命的支撑。亲子沟通必须遵循育人规律、儿童身心发展特点及个性、品德形成的规律，注重吸收国内外相关研究成果，总结生活实践中亲子沟通的经验、教训，这也是家庭教育本质和规律的反映。亲子沟通各原则之间相互关联和渗透，形成了较为完整的原则体系，理解并秉持亲子沟通原则必将促进亲子关系的良性发展。

---

① [美]马歇尔·卢森堡：《非暴力沟通：实践篇》，梁欣琢译，江苏人民出版社 2014 年版，第 174 页。

② 缪建东：《家庭教育学》，高等教育出版社 2009 年版，第 83 页。

一、平等原则

孩子尽管年龄小，仍然是具有独立人格的个体，也需要受到应有的尊重。现代亲子关系是建立在亲子双方人格平等基础上的亲情关系，这种情感不是来自伦理规范，而是来自亲子共处的过程中所形成的真实的感情。家长不是“以势压人”、倚老卖老，而是以平等的态度对待孩子，尊重孩子的人格独立。家长可以和孩子交朋友、共同讨论家庭问题，以自己的建议作为孩子的参考，不强迫孩子服从自己的见解。

家长一旦有错误，也应该能够坦然在孩子面前承认错误，不怕表现自己的情绪。但一些家长错误地认为要维系家长的权威，要让孩子听话，就不能给孩子“好脸色”，要表现出很生气的样子。而让孩子听话的办法就是控制、约束孩子，在孩子面前始终扮演一个威严、苛责，缺乏欣赏、理解和亲切的角色，其后果就是加大了亲子之间的情感距离，影响亲子之间的沟通与交流。实际上，孩子表面上屈服于家长，而内在的心理反抗却更加强烈，这种不能有效沟通的亲子关系自然也不存在任何教育的功能。

二、尊重原则

家长能够认识到孩子与自己在人格上是平等的，这是尊重孩子的基本前提。亲子沟通的尊重原则还体现在如下几个方面：

一是尊重孩子的感受。最直接的就是生理感受，当孩子表示“我热了”“我口渴”的时候，有些家长习惯性地说“热什么热，我还感觉冷呢”“刚喝过水，怎么会渴呢”。在这方面，孩子的感觉一般不会伪装，恰恰是家长从成人的立场出发而忽略了孩子的真实感受。二是尊重孩子的愿望。每个孩子都有自己的需求，“我还想再多玩一会儿”“我想让妈妈再给我讲一个故事”，孩子的大多数需求都不过分。满足他们需求的本质是家长承认孩子可以有需求，而家长愿意尊重孩子的需求，满足孩子的愿望。① 三是要倾听孩子。倾听是尊重孩子的直接体现，倾听孩子的过程也是孩子被尊重与信任的心理需求得到满足的过程，孩子的自尊正是在接受别人的尊重和认同的过程中建立起来的。四是在公共场合不批评孩子。家长当众批评孩子，会让孩子

---

① 洪小妹：《孩子的成功来自妈妈1%的改变》，同心出版社2014年版，第170页。

的自尊心受到伤害,容易导致孩子的心理防线崩溃,甚至严重扭曲。但不当众批评并不意味着放任不管,当家长与孩子单独相处的时候,家长要及时、耐心地与孩子共同分析,帮助孩子认识到错误的原因及造成的后果,这样孩子更愿意表达自己的想法,更愿意接受家长的建议。

三、接纳原则

所谓接纳,即以积极、肯定的心态接受孩子目前的状态,而不是带着一种有色眼光、过高期望去要求孩子。亲子沟通,家长无论是学识、能力、阅历等都占据着极大优势,如果不能接纳孩子,处于“弱势地位”的孩子会产生“我没用,我不行”的消极、自卑心理。

接纳孩子,首先要尊重孩子的身心发展规律,根据孩子所处的发展阶段接纳孩子当下的状态。如 3 岁左右的孩子正处于自我中心主义阶段,还不懂分享,家长要能认识到孩子的这种年龄特点,不能无视孩子的物权强迫孩子去分享。

其次,要允许孩子有情绪,允许孩子表达情绪。前文已经说过,情绪并没有对错,也没有所谓的好坏,无论孩子是伤心还是难过,家长的回应不应是“别伤心了,没事”“有什么难过的,还男子汉呢”,而是“伤心了啊,我知道你很难过,我陪你一会好不好”。从孩子心理发展和人格建设的角度来说,后一种反馈是对孩子的感受和表现体现出一种完全的接纳。特别是幼儿时期的接纳,会内化到孩子的潜意识中,形成孩子人格的一部分。

最后,家长要接纳孩子的个体差异。每个孩子都是独特的,家长要学会欣赏孩子,不去期待孩子变成“别人家的孩子”或“自己想要的样子”,允许孩子按照自己的生命节奏成长!

四、正面引导原则

从亲子沟通的目的来看,沟通是为了家长与孩子之间达成思想一致和感情的通畅。对于年龄还小的孩子,由于其思想、价值观还不成熟,对“反话”或负面的信息往往缺乏甄别,因此,家长就要坚持正面引导,坚持社会主义核心价值观,引导孩子树立守时践诺、知错就改、不说谎、不挑食等良好品质,养成良好的行为规范。正面引导原则,不是家长简单地说“好”不说“坏”,而是在日常生活实践中家长通过言传身教、以身作则为孩子做好榜样，用行动示范社交场合的礼节、公共场所的规范、情绪情感的表达等，让孩子在潜移默化中学习。

当前社会正处于转型期，外来价值观念的冲击，传统思想的解体，新的社会规范还在形成过程中，一些道德滑坡现象和不良思潮给当下的家长也带来了强烈的不安全感。因此，如何为孩子营造一个正面引导的家庭教育环境，这对家长是一个新的课题，也是一个亲子共同成长的契机。如果家长能够爱岗敬业、勤奋好学、勤俭治家、尊老爱幼，孩子会看在眼里记在心上。正如苏联教育家马卡连柯所说："你们生活的每时每刻，甚至你们不在家的时候也在教育儿童，你们怎样穿戴，怎样对别人说话，怎样议论别人，怎样欢乐和发愁，怎样对待敌人和朋友，怎样笑，怎样读报，这一切都对儿童有着重要的意义。"①

第二节　厘清亲子沟通的误区

亲子沟通是一个双向的过程，既有输入，也有输出。如果家长只是满足自己的说教，居高临下，或沟通的内容仅仅局限在物质、学习等外在的东西上，忽略孩子的真实需求等，这就违背了沟通的真正意义，也容易陷入亲子沟通的误区。

一、误区一：沟通过于关注问题

亲子沟通的内容丰富多彩，其对话与交流的话题往往来自生活实践。家长应该充分利用亲子共处的时机，充实孩子的生活体验，丰富孩子的生活知识。但一些家长习惯性地盯着孩子的"问题"，总是指出孩子的种种不足，指责孩子所犯的错误，"说过多少次了，玩具不要乱扔""你这孩子，喊你好几遍，都没有听到吗？你的耳朵呢？""你怎么又把衣服弄脏了，刚刚给你换的"。

上述问题有的是孩子那个年龄段所表现出来的正常行为，也有的是家长的反应间接鼓励了孩子的问题行为。因此，亲子沟通过于关注问题，就会看不到孩子的"闪光点"，孩子可能会产生逆反心理，也容易导致孩子自卑、

① 转引自李焕云：《家道智慧》，中国宇航出版社2016年版，第143页。

自暴自弃。更为关键的是,过于关注问题,可能也忽略了问题产生的根本原因以及问题背后孩子的真实需求与情感世界。

二、误区二:沟通缺乏平等尊重

与孩子沟通的时候,最重要的就是要用心倾听孩子的心声,尊重他们的想法,创造一种平等对话的氛围。但家庭中传统观念赋予家长这一角色的权威性,使家长在亲子沟通中拥有绝对话语权。我们经常看到家长以命令的口气要求孩子做事,以不容置疑的口吻给孩子发号施令,很少与孩子主动商量,也没有把孩子作为一个独立的个体来看待。缺乏平等尊重,导致亲子关系紧张,孩子在家长面前总没有平等对话的机会,更多的是被动接受家长的教育。特别是随着孩子自我意识的发展,他们更愿意与同龄人交往,与"网友"也可以推心置腹,但与家长之间却缺乏心的沟通,有想法也不愿与家长交流。

沟通从本质上取决于彼此之间的关系与情感,而关系和情感的培养需要长期的积累,需要家长放下架子,在平等尊重的基础上理解和体会孩子的想法;否则,亲子沟通可能会陷入"家长想听到的没听到、孩子想说的没说出口"的恶性循环。

三、误区三:沟通忽略儿童立场

在亲子沟通中,作为家长的我们习惯于让孩子听我们说话,让孩子去执行我们的任务和命令,但是,很少考虑到孩子也有自己的观点与思想,也有自己的需求与烦恼,这其实是家长忽略儿童立场的典型表现。儿童立场是相对于成人立场而言的,是一个具有独特个性的视角。有的家长经常用成人意志代替儿童意愿,把自己的需求当作孩子的需求,以自己的兴趣取代孩子的兴趣,甚至以牺牲孩子的想象力与创造力来实现自己预设的教养目标。而儿童立场是从基本的"人"的立场来看待儿童,从人的发展视角来解读儿童,以儿童的眼光、儿童的心理、儿童的语言、儿童的经验去观察、揣摩、学习外面的世界。同时,儿童立场还从"可能"的立场出发,承认个体的多样性及发展的可能性。

概而言之,儿童立场就是把儿童当作拥有主体地位的、拥有自己的天性的独立个体来看待。家长要充分关注孩子的生活,学会换位思考,读懂孩子行为背后的真实需求。也只有那些能走进孩子世界的家长，才能稳稳“接过孩子抛来的球”，真正实现亲子之间的互动与相互促进。

四、误区四：沟通陷入过度关怀

几乎每位家长都爱自己的孩子，但如果超过了一定的“度”，就会变成过度关怀，可能会影响亲子关系的和谐。有的家长从幼儿园到小学对孩子照顾得无微不至，不让孩子参与任何家务劳动，但凡家长能做到的，从来不让孩子独立去做。家长这种过度关怀的“习惯”体现在亲子沟通中，就可能会演变成一种压力和负担，让孩子选择拒绝，甚至还让孩子很反感。如孩子沉浸在游戏中的时候，家长的一句“宝贝，喝杯奶吧”“吃点水果再玩吧”可能会破坏孩子专注力的培养；孩子在学习的时候，家长的频繁问候可能会打扰孩子的正常思维和学习思路。

过度关怀的家长有着强烈的控制欲，喜欢对孩子的事情大包大揽，总是舍不得孩子受苦，以“为孩子付出”作为幸福。但这种付出是否让孩子感觉舒服，孩子是否真的需要，也许，这些问题值得家长认真反思。

五、误区五：沟通轻视儿童潜能

当孩子在生活或学习中遇到困难的时候，他们有的会求助于家长，这其实是家长引导孩子学会解决问题的良好契机。但一些家长却为孩子担负起一切责任，代替孩子解决所有问题，这些家长并不真正了解孩子，这也是轻视儿童潜能的典型表现。因为在家长眼里，孩子嘛，就是没有能力来处理生活，也没有经验来解决问题，尤其是年龄小的孩子，更是被家长武断地否定，“一边待着去，这事都干不好”“笨手笨脚的，还是我来吧”。“更多的时候，不是因为孩子笨，而是因为我们没有正确解读孩子的潜能，没有发现我们的孩子在某一方面原来是个天才，所以想让孩子当那发挥天才的20%，还是做那终生不得志的80%，关键在于父母！”①

① 熊敏：《爱，从了解开始》，民主与建设出版社2016年版，第182页。

第三节　亲子沟通，从心开始

亲情永远是孩子健康成长的动力。尽管存在上述种种沟通的误区，亲子之间也会有诸多不同类型的矛盾，但家长只要保持一颗平和之心，在亲子沟通中做到用心、耐心、细心、悉心，就能拉近和孩子的距离，这也是家长走进孩子内心世界的捷径。

一、用心

“用心”表达的是一种态度，亲子沟通中注意力的集中、倾听时的及时回应、眼神的对视等都是用心的体现。以倾听为例，有时尽管孩子说的是一件对家长而言无足轻重的小事情，家长也要集中注意力认真倾听，表现出兴趣，这会让孩子感觉受到尊重，会促进孩子兴致勃勃地讲下去，进而把自己的情感、需求、思想表达出来，实现亲子之间的情感沟通与思想交流。同时，倾听时的及时回应或适时的跟进提问，“哦，是吗，那你当时怎么想得啊？”“你太棒了，我小的时候还不会呢！”也会让孩子感觉家长与自己的心灵是相通的，感觉家长对自己是重视的，也会让孩子更加愿意敞开心扉与家长畅所欲言。

用心还体现在家长的言传身教上。要求孩子做到的，家长也要能做到；想让孩子坚持的，家长也要能持之以恒地坚持去做一件事情。毕竟，“孩子是父母的一面镜子”，用心的家长，一定能培养出用心的孩子。

二、耐心

“耐心”是对孩子成长规律的尊重。在孩子成长的过程中，既有阶段性差异，也有个别性差异，每一个孩子的发展速度和达到某一水平的时间不尽相同。“人家小朋友都吃完了”“你看哥哥都穿好衣服了”，在成人眼里，这就是“差异”，但却是没有得到尊重的“差异”。

每个孩子都有自己的“发展时间表”，也都有符合其年龄阶段的特点。如好奇心是幼儿重要的心理特征，在路上、花园里、校门口，任何一个新鲜的东西都可能引起孩子的注意，也许是一片落叶、一只小猫、一朵含苞待放的花，抑或是一群蚂蚁，都会让孩子驻足、流连忘返。以成人的思维看待孩子的行为，可能就会觉得一切都是司空见惯的，“有什么好看的，快一点，要迟到了”，这其实就忽视了幼儿心理发展的需求和发展的可能性。

因此，耐心，就是家长不要轻易打断孩子，也不要暴露出不耐烦的表情。家长的耐心沟通，其实就是暗示孩子：不着急，我们在慢慢等你长大。

三、细心

“细心”是对家长在亲子沟通中观察力的一种考验。有时候，孩子会莫名其妙地发脾气，或无端地做出一些破坏性的行为。一个有敏锐观察力的家长一般会面对面与孩子沟通，通过孩子的肢体语言、神态表情认真思考孩子发脾气的真正原因，思考其行为背后是否存在哪些心理方面的需求。他会持续观察孩子的行为表现，及时跟进体察疏导，在与孩子沟通的过程中发现问题并能有效解决问题。反之，观察力偏弱的家长可能会指责孩子的不当行为，忽视孩子微妙的情绪变化，简单粗暴的沟通只会让问题更加恶化，其结果势必会增加亲子之间的隔膜。

细心的家长还会在亲子沟通中发现孩子的一些变化：说话会用形容词了，可以连贯地表达自己的想法了；对家长的要求开始反驳了，变得任性了；有自己的判断和选择了……这些变化也是孩子心理发展的表现，是孩子成长过程中不同的心理需求。细心的家长会通过孩子的变化来不断反思自己的角色，不断学习，成为孩子成长最好的同行者。

四、悉心

“悉心”是家长在亲子沟通中精力分配的一种体现。悉心的家长，不是仅仅站在孩子的旁边，动动嘴巴，“宝贝，你可以的，你最棒”“要坚持，坚持到底就是胜利”，也不是一边看手机，一边与孩子有一搭没一搭地交流着。悉心的家长，是身体力行，是心无旁骛。比如，孩子在游乐场走平衡木，可能因为害怕而不敢走，家长与其进行语言的鼓励，不如自己亲自体验一下，然后告诉孩子自己的感受，和孩子分享走平衡木的心得，这种悉心远比简单地给孩子建议与鼓励更能打动孩子的心。与孩子沟通时的分心、走神，会让孩子感觉家长不重视自己，这对孩子来说是极不好受的，因为孩子从家长那里接收到的是对自己心不在焉的负面信息，亲子沟通的效果自然不理想。

总之，亲子沟通，从心开始，只有家长与孩子真诚地“交心”，孩子才会向家长敞开“心门”，亲子之间才会产生同感与共鸣。如果家长连孩子的内心想法、问题的原因、真实需求都无法“读懂”，又如何为孩子提供支持与帮助呢？教育引导孩子又从何谈起？良好的家庭教育需要有效的亲子沟通，无论是家长的用心、耐心、细心还是悉心，都是为了拉近家长与孩子之间的距离，促进亲子之间的彼此理解、和谐与融洽，更是为了家长能走进孩子的世界。

专题五

意 志 培 养

意志是人格中重要的组成因素，对一个人的行为乃至一生能否做出成就，都有重大影响。一般在智力水平相当，其他条件相似的情况下，意志品质将起决定性的作用。家长要帮助孩子逐渐养成克服困难的信心与勇气，不断增强和巩固意志品质。

第一节　意志品质的构成

心理学家研究表明，即使是天才儿童，他们成年之后的成就水平也并不取决于智力因素，而是更多地取决于非智力因素，其中，坚强的意志就是这些非智力因素之一。意志是人格中重要的组成因素，对一个人的行为乃至一生能否做出成就，都有重大影响。"一般在智力水平相当，其他条件相似的情况下，意志品质将起决定性的作用。"①

孟子曾言："天将降大任于斯人也，必先苦其心志，劳其筋骨，饿其体肤，空乏其身，行拂乱其所为，所以动心忍性，曾益其所不能。"这段话生动地说明了意志力的重要性。儿童如同刚出土的幼苗，经不起风吹雨打，一般表现为软弱、无能力、不能吃苦。为使儿童茁壮成长，家长要担起应有的责任，通过各种活动和方式，给孩子适当的鼓励、教育和引导，帮助孩子逐渐养成克服困难的信心与勇气，不断增强和巩固意志品质。

所谓意志品质，即个体自觉地确定目的，支配行动，克服困难，以实现目的的心理过程。它指一个人的意志状况，如有的人意志坚强，遇到困难敢于面对，接受挑战，不怕挫折；而有的人意志薄弱，不够自信，喜欢找借口，容易放弃。良好的意志品质主要表现在自觉性、果断性、坚持性和自制性四个方面，其中最重要的是果断性和坚持性。②

---

① 沈云浩、高德祥、潘继锋：《培养学生意志品质的实践与思考》，《上海教育科研》1995年第5期，第43—45页。

② 敬永和：《现代思想政治工作辞典》，上海人民出版社1990年版，第667页。

一、自觉性

自觉性是指一个人在行动中有明确的目的性，能有意识地调节自己的行为服从于确定的目的。因为意志品质是服务于社会实践的个人品质，确定的目的要能够实现，目的必须符合社会发展的客观要求，所以自觉性应包括选择具有重要社会意义的目的，并能深刻了解这种意义。这种品质反映一个人的认识水平以及坚定的立场和信仰。它区别于容易盲目接受别人影响的受暗示性，以及盲目拒绝别人意见和建议的独断性[①]。

无论是生活还是学习，儿童的自觉性都比较弱，儿童自觉性的培养是一个漫长的复杂过程。正如陶行知先生所言："生活、工作、学习倘使都能自动，则教育之收效定能事半功倍。所以我们特别注意自动力之培养，使它贯彻于全部的生活工作学习之中。自动是自觉的行动，而不是自发的行动。自发的行动是自然而然的原始行动，可以不学而能。自觉的行动，需要适当的培养而后可以实现。"[②]

二、果断性

果断性是指能够慎重地又不失时机地做出抉择、决定并付诸行动，既非优柔寡断又非草率决定。果断性以迅速敏锐地掌握各种信息，及时准确地做出判断，并敢于承担可能的风险为基础。具有果断性的人能全面深刻地考虑行动的目的以及达到目的的计划和方法，在需要立即行动时能当机立断，但在不需要立即行动或情况发生变化时又能立即停止或改变执行的决定。

具有这种品质的人能够沉着冷静，临危不惧，审时度势，不失时机地迅速采取行动，即使冒一定的风险也绝不迟疑。[③] 果断性的品质在当今社会尤为重要，良好的家庭教育方式能帮助孩子培养果断性的品质，如尊重孩子的想法，给孩子发表意见的机会，并支持他们的合理决定。这其实给孩子传递了一个基本信息：你有决定自己人生方向的权利，只要你的决定是经过深思熟虑且合理的。

---

① 王松泉：《简明学习方法词典》，辽宁大学出版社 1992 年版，第 431 页。

② 董宝良：《陶行知教育论著选》，人民教育出版社 2015 年版，第 543 页。

③ 李秀、刘新民：《普通心理学》，中国科学技术大学出版社 2017 年版，第 219 页。

三、坚持性

坚持性是在现有目的的长时间过程中，能够保持充沛的精力和积极性并合于预定目的的行为，这种行为不为各种主客观干扰所动摇，锲而不舍。坚持性是以正确而清醒地认识主客观条件为前提的，并要求自己的行为符合客观规律。与坚持性相反的品质是见异思迁、虎头蛇尾。坚持性与不顾客观规律，甚至要求客观规律服从自己的主观意志的顽固、执拗有本质的区别。“锲而舍之，朽木不折；锲而不舍，金石可镂。”

坚持性是人们取得事业成功的不可缺少的意志品质。坚持性和儿童有意注意能力的发展密切相关，3 岁左右的孩子，对任务的目的、意义缺乏明确的认识，有意注意一般只能维持 5—10 分钟左右，在活动中注意力不易集中，坚持性还很差。随着年龄的增长，孩子的坚持性也不断发展。研究证明，4—5 岁是儿童坚持性发展的关键时期，家庭应和幼儿园携手合作，在日常生活中坚持对孩子坚持性的培养。如，根据孩子的发展水平，要求能够有始有终地做完一件事，特别是要观察孩子的主观努力程度。如果通过孩子的努力或在家长的协助、鼓励下完成了比较困难的事情，则说明孩子的坚持性得到了锻炼。

四、自制性

自制性是善于控制和支配自己行动的能力，表现为能够克制自己主观的情绪波动（急躁、气馁、消沉）和消极行为（懒惰、拖沓、不思进取）。缺乏自制力就不能在实现目的的复杂情境中把握主观的行为。自制性是一种具有高度忍耐力和善于“克己”的表现，如抑制消极情绪，防止冲动行为，以及忍受肉体上的痛楚等。在幼儿初期，孩子还不能抑制活动过程中的干扰因素，不论这个干扰因素是来自内部的动机、愿望，还是来自外部环境中的各种刺激、诱因，都可以使幼儿离开当前活动的目标，而关注无关的刺激。

由于幼儿的前额叶发展还不成熟，他们常常对自己的行为难以控制，比如刚刚向家长承认了错误，而转眼又会犯同样的错误。另外，家长的自制性品质，在孩子的心灵中具有榜样的力量。如果家长能够在日常生活中注意控制自己的情绪、言行，遵守各种规则制度，不因自己的成人身份而随心所欲、搞特殊化，这样孩子就能够在潜移默化中克服困难，遵守规则，抑制不合理的需求和欲望，不断增强自己的自我约束能力。反之，就会出现“上所施下所效”，孩子可能会变得异常任性，毫无自制能力可言。

第二节　儿童缺乏意志品质的原因

国家的富强、社会的发展，固然需要科学技术的进步、创新型人才的培养，同样不可缺乏坚韧不拔的意志。技术和人才可以引进，而意志品质却无法引进。我们经常发现有些孩子自觉性很差，盲目拒绝他人的意见，脾气暴躁，做事草率，其中原因既有儿童的年龄所限，也有的是家长缺乏对孩子意志品质培养的意识以及隔代教育等造成的结果。

一、受限于儿童的年龄特点

儿童的意志品质与其年龄有密切的关系。1岁左右意志开始萌发，婴儿能够按照成人的指示完成一定的动作，也能在随后的行动中克服一些简单的困难，如床太高爬不上去，会搬凳子爬上去。2—3岁的孩子，表现出强烈的独立行动的愿望，什么都要求“我自己来”，而不愿接受成人的帮助，这是孩子意志开始发展的标志。但是，这一时期的幼儿意志品质还比较差，大脑皮质抑制功能逐渐增强，但兴奋过程仍强于抑制过程。

以自觉性发展为例，3岁左右的幼儿在行动中不能清晰地意识到自己的目的和意义，也不能支配自己的行动使之符合正确的目的和社会意义，有明显的独断性品质和受暗示性品质特征，独断性品质尤为突出。独断性表现为他们的行为具有极大的主观性，盲目地拒绝他人的意见和建议，这也是这一时期幼儿主导的品质特征。随着年龄的增长，幼儿大脑皮质内抑制功能的发展，特别是教育的影响，幼儿行动的主观性减弱，也逐渐能够接受他人的意见和建议。①

二、隔代教育的消极影响

隔代教育在我国非常普遍，也是今后相当一段时期许多家庭不得不面

---

① 李百珍：《幼儿意志品质的实验研究》，《天津师范大学学报》(社会科学版)1991年第3期，第29—32页。

临的一种现实。老年人直接参与(或承包)孙辈的培养、教育,有其特有的优势:对孙辈无私的爱,更有耐心、更宽容,也有丰富的养育孩子的经验。但随着社会的发展、信息时代的变迁,人的认知方式、思想观念、思维方式、行为习惯也都发生了很大的变化,过去"引以为豪"的养育经验,用在今天的孩子身上就不一定适用。

"养育子女的经验是在实践中获得的,但也是有局限性的。之所以有局限性,一是经验仅仅是个体实践对事物的肤浅认识,是感性认识,还不是理性认识,经验还不是规律,不能反复起作用;二是经验只是特定时间的体验,不能在任何时候都适用。"①如果祖辈人不能与时俱进,极易对孩子的教育和成长产生不良的影响。比如,隔代教育容易感情用事,娇惯孩子、过分溺爱现象比较普遍;重视物质生活,忽略心理健康;受体力、精力的限制,往往在亲子互动、户外游戏等强调"动"的方面勉为其难。这也在一定程度上造成了孩子行为习惯不好、自控力差、缺乏克服困难的毅力等问题。

三、家庭环境的潜移默化

家庭环境是儿童成长的重要环境,其中家长的言传身教、夫妻关系对儿童意志品质的发展都有不可忽略的影响。聚焦于当下的家庭教育,家长对孩子意志品质的培养普遍缺乏,也很少有家长有意识地磨炼孩子的意志。无论是在学习还是生活中,我们看到更多的是家长凡事在前,为孩子的成长"铺好路""架好桥",唯恐孩子受苦、受累,这也导致孩子较多地出现心理脆弱、容易冲动、脾气暴躁、做事草率等性格弱点。儿童年龄小,模仿能力强,如果家长做事缺乏自觉性、优柔寡断,或容易冲动,这会潜移默化地影响到孩子的成长。

夫妻关系是影响家庭人际关系的核心因素,夫妻关系质量良好,家庭氛围和谐,孩子的心理健康水平相应就高,社会适应表现更好。如果经常目睹父母之间的吵架、冲突、敌对等现象,一般会增加孩子的行为问题、情绪问题、人际困难等心理适应问题,这样孩子的内心会产生不安全感,从而产生负能量,精神不振,注意力难以集中,势必影响到孩子的上进心、坚强的意志

---

① 赵忠心:《最好的教养在家庭:赵忠心和年轻父母谈科学教养观》,北京理工大学出版社 2019 年版,第 251 页。

品质以及正确的人生观、价值观的养成。

第三节　培养儿童意志品质的方法

在婴幼儿阶段，儿童的自觉性、果断性、坚持性、自制性等意志品质发展得还不够完善，随着年龄的增长，其意志品质也处于一个逐渐形成和完善的过程。因此，儿童意志品质的培养，一方面不能操之过急，也不能按照成人的标准去要求孩子；另一方面，要按照儿童各个时期的身心发展特点加强孩子意志品质的强化与锻炼，为孩子成长为一个意志坚强的人打下良好的基础。

一、在生活实践中有意识地培养和锻炼

儿童意志品质的培养，不是来自成人抽象的说教，也没有现成的教材和课本，而是让孩子在参与生活实践的点滴细节中有意识地培养和锻炼出来的。这需要家长的教育智慧与持续性的坚持。如孩子学会走路以后，就具备了培养孩子意志品质的良好契机。家长外出散步或游玩时，可以牵着孩子的手让孩子慢慢地走，逐渐地可以陪着让孩子单独走，如果孩子累了，就休息一会，然后鼓励孩子继续自己走路。这种“慢慢走—独自走—休息以后再继续走”的方法就是在锻炼孩子的意志品质。

在走路的过程中，可能孩子会不小心摔跤，智慧的家长不是着急去扶，更不会去嘲笑或训斥孩子的不小心，而是鼓励孩子自己从地上爬起来，并及时表扬孩子：“宝贝真厉害，勇敢的孩子是不哭的。”这就是对孩子行为的一种正强化，也是对孩子行为的认可与激励。以后假如再碰到类似的情况，孩子也知道如何做一个勇敢的孩子，也不会哭。孩子的意志品质就是在这种生活细节中无形地培养和锻炼的。相反，如果家长担心孩子受苦，总是抱着或背着，一旦孩子哭闹，家长就只能妥协，这也无形中让孩子养成依赖、胆小、懦弱的性格，又如何培养孩子坚强的意志品质呢？

二、多种活动潜移默化地引导

对于幼儿来说，游戏是其喜欢与感兴趣的活动，家长可以通过亲子游戏培养孩子的意志品质。如在角色游戏中让孩子扮演好自己的角色，并坚持

完成任务，这对于培养孩子的坚持性与自制性是有帮助的。让孩子严格遵守游戏规则也是培养其意志品质的好方法，如扮演解放军，就要表现出勇敢坚强，“站岗”就要挺胸收腹，保持身体笔直；扮演护士，就要耐心细致照顾病人；扮演老师，就要认真负责有爱心等。众所周知，儿童通常都喜欢听故事，家长可以给孩子多讲一些绘本、儿童读物上克服困难、坚强勇敢、持之以恒的小故事，从而让孩子受到形象的、潜移默化的教育。

当孩子稍大一些，家长可以通过看电影、电视，如《阿甘正传》《当幸福来敲门》《假如给我三天光明》等培养孩子的意志品质。尽管家长并没有告诫孩子一定像主人公那样努力，但孩子会被影视的内容所触动，会在不知不觉中树立了信念，培养了意志力。当下生活条件改善了，很多孩子难以体会那种缺衣少食的生活状况，也不会像祖（父）辈那样为了改变命运而努力，而引导孩子进入到电影、电视的故事情境中，可以起到“它山之石，可以攻玉”的作用。

三、家长言传身教的示范作用

孩子的很多行为是通过模仿成人而习得的，特别是家长的言传身教发挥着不可忽视的作用。“身教重于言教”，并非否定“言教”的价值，在家庭教育中，家长要做一名有心的观察者。特别是年幼的孩子，在活动过程中如果出现问题或困难，常常会转移注意，家长应通过及时的表扬、鼓励、提醒等多种激励方式，帮助孩子明确行为目标，尝试去克服困难。而一旦孩子有了点滴的进步，家长进一步跟进，适时对孩子的行为进行正强化的激励，这种成就感能够增强孩子的自信心，有利于他们意志品质的培养。当孩子暂时不如意或失败时，更需要家长的亲近与语言强化，鼓励孩子再接再厉，克服困难，坚持到底，这同样有利于孩子良好意志品质的形式。

如果家长在日常生活和工作中目标明确、处事果断、爱岗敬业、不畏困难，不在孩子面前抱怨、随意发泄情绪，家长的这种以身作则，就是为孩子做一个良好的意志行为示范。反之，如果家长口口声声要求孩子学会坚持、不怕困难，不要玩手机、看电视不要过度，但对自身的要求却很低，这会让孩子从内心不认可家长，教育的效果也会大打折扣。实际上，对孩子最好的教育，就是让他们看到，家长一直在努力成为最好的自己。

专题六

挫 折 教 育

挫折是客观存在的,儿童可以从适度的挫折中得到好处,并由此变得更加坚强。挫折对每个人来说都是难以避免的,作为家长,对孩子进行挫折教育是很有必要的,这也是形成儿童良好心理品质的重要基础。

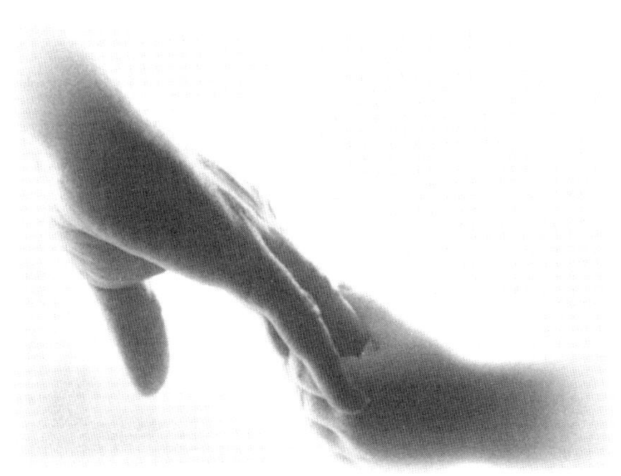

第一节　挫折的教育价值

幼儿期是一个人个性形成的关键期，成人的某些心理健康问题与幼儿期是否遭遇到挫折及心理是否健康密切相关。无论是在幼儿园的一日生活中，还是在家庭的实践活动中，孩子总会遇到各种困难与障碍：想要的小红花没有得到，无法完成某个手工活动，被小伙伴冷落，想出去玩家长却不允许，等等。这种"不能达到的目标""被冷落、被制止"对幼儿而言就是挫折，也会伴有焦虑、沮丧、自卑、不知所措等情绪反应。

挫折是客观存在的，"完全没有挫折、痛苦或危险，也是危险的。一个人必须获得挫折耐受力才能成为坚强的人……有安全、爱和尊重需要的满足作基础的儿童，可以从适度的挫折中得到好处，并且由此变得更加坚强。"① 因此，有效的挫折教育对提高孩子的抗挫折能力、促进幼儿的健康成长具有重要的意义，对幼儿进行挫折教育也是形成幼儿良好心理品质的重要基础。

价值一般指主体与客体之间的需要与满足的关系，它属于关系范畴。正如儿童有生理、心理、尊重、独立、自主等多种多样的需要，而客体在颜色、形状、体积、味道、声音等属性上也存在无限性，这也就决定了主客体之间的价值关系的内容是非常丰富的。教育价值作为一个独立的科学的概念，是指作为主体的人、集团和一定的社会对教育的需要与作为客体的教育及其属性之间的一种满足关系。这种关系具有的用途，是追求教育的最好的效

---

① 秦龙：《马斯洛与健康心理学》，内蒙古人民出版社 1998 年版，第 388 页。

果。[1] 在一些家长心目中，孩子年龄小，心理承受能力差，应该多保护，不应让孩子吃苦或者承受挫折。实际上，挫折在磨炼儿童意志、激发心理潜能、丰富人生阅历等方面具有独特的教育价值。

一、挫折有助于磨炼意志

挫折有助于磨炼儿童的意志。对于处于行为能力迅速发展阶段的孩子而言，他们的自主性与主动性逐渐增强，任何事情都想自己去做、去尝试、去探索，但由于能力有限，在生活实践中难免会遇到不同程度的挫折，如打羽毛球时总是接不到球、用筷子费了好大劲就是夹不起来丸子、想加入小伙伴的游戏却被拒绝……针对这些挫折，家长要正确引导，及时排解孩子的消极情绪，通过谈心、鼓励、关心等途径帮助孩子克服困难，让孩子从征服挫折的过程中不断增强成就感与自信心，在不断的磨炼中逐渐形成“受挫不轻言放弃、困难敢于面对”等意志品质。

二、挫折有助于激发潜能

人生来就拥有某些特殊的能力，不过这种能力以某种形式潜藏在人体内，没有在表面上呈现出来，这种能力我们一般称为潜能。对于儿童来说，这种潜能是他们天赋的才能，杜威就认为儿童天生有诸多的潜能与天赋，并不是空无一物的被动接受者，成人需要做的就是把这些潜能与天赋激发出来，通过创造良好的成长环境或是利用挫折等教育契机让孩子自己成长。儿童之所以会遇见挫折，很大的原因是对事物的认知和生活经验的不足。家长要教会孩子直面问题、分析问题的原因、寻找解决的办法，帮助孩子积累经验，从而让孩子认为“我一定行”，孩子的潜能也会被进一步激发。

三、挫折有助于丰富人生阅历

从儿童的成长经历可以看出，如果孩子亲身见过、听过或做过的事比较少，其生活经验相对就比较缺乏，自然也影响其想象力与创造力的发展。孩子的想象力与创造力是需要大量的原始形象为基础的。在一定程度上可以说，孩子在生活中经历的挫折、困难越多，其形象记忆就相对越丰富，这样他

---

① 卢曲元:《教育哲学探究》，湖南师范大学出版社 2018 年版，第 108 页。

们才能从记忆库里提取相应的形象进行想象和创造。挫折可以在一定程度上充分调动孩子的听觉、视觉、嗅觉、触觉、味觉等感觉体验，使孩子积累丰富的人生阅历，帮助孩子收集和储存大量的生活素材，为孩子的想象力和创造力的启蒙与发展打好基础。

四、挫折有助于增强自我的内在力量

有时候在我们成人看起来不可能做成的事情，孩子却能不可思议地完成。孩子的力量不是来自外部，而是来自潜伏在自己身体里的心理力量。当儿童在日常的学习与生活中一切都很顺利时，这种潜在的力量不可能被唤醒，却常常被忽略。而孩子遭受挫折后，家长的正向反馈与激励能让孩子在亲子互动中感受到家长的认可，这是对孩子莫大的鼓励。孩子会从这种反馈与激励中确认“我是可以的”“我能做到”“我是有力量的”，这种力量一旦被唤醒，即使孩子年龄还小，也能对其身心发展起到巨大的推动作用。这种力量不同于人体表面上看到的肢体力量，主要是心理力量，是一种内隐性的生命内力。个体是否强大、能否成功、是否幸福与快乐，不取决于他的肢体力量，与他的知识力量关系也不大，而主要取决于他的心理力量。

第二节　挫折教育应厘清几种关系

由于缺乏对孩子身心发展特点与规律的认识，目前的儿童挫折教育仍存在“过度”“刻意”“片面”“方向偏离”“不考虑后果”等诸多问题。其中的原因既有对幼儿挫折教育的特点、内容、方法缺乏正确的理解，也有在实施过程中对自然情境与人为创设情境、教师挫折教育理念与家长育儿观念、挫折教育方法与幼儿身心发展特点等关系缺乏科学认知。

一、挫折教育中自然情境与人为创设情境的关系

一日生活皆教育，利用现实生活中自然产生的挫折情境对孩子进行挫折教育具有重要的现实意义。一方面，自然情境具有自然性，“人类的进化、发展和形成，完完全全是自然的，也即天然的”①。孩子在成长过程中没有永

① 张兴让：《生存·人性的核心》，光明日报出版社 2016 年版，第 82 页。

远的一帆风顺，总会有需求得不到满足的情况发生，这种非人为的自然情境恰恰提供了对孩子进行挫折教育的良好契机。由于儿童对在自然情境中挫折产生的原因、发展过程、变化规律有充分的体验，对于挫折的思考与把握也有相应的心理准备，因而对于问题解决的方法也更容易接受，相应获得的能力也更强，正如陈鹤琴先生所言“亲身阅历的经验，印象最深刻”①。

另一方面，自然情境具有真实性。无论是在家庭、幼儿园、学校，还是在社区，儿童的生活都时时刻刻在进行着。挫折教育应寓有意于无形，受挫时积极解释与引导，受挫后及时沟通与交流，帮助孩子不断增强与发展他们内心的而非表面的、虚假的情感体验、认知与感悟，真正促进他们耐挫力的形成、独立习惯的养成。

人为创设情境进行挫折教育的方法通常有主动创设竞赛、严厉批评、故意设置困难等让孩子解决，或是带孩子远足、到艰苦的地方生活，从而培养孩子的独立生存能力与耐挫能力。这种主动创设挫折情境的初衷是好的，认为现实生活中的挫折是有限的，一旦遇到现实生活中从未遇到的挫折，孩子会陷入困境，而人为创设情境可以具备一定的预防性与针对性。由于学龄前儿童的思维特点是以具体形象思维为主的，如果刻意设计挫折情境，远离孩子的实际生活，超出孩子的心理承受水平和理解能力，不仅不能帮助孩子学会处理和克服问题，甚至可能会适得其反，挫伤孩子的自尊心和自信心。

对于幼儿来说，真正的挫折教育就是生活教育，儿童成长过程中的每一个经历、每一个阶段、每一个挫折都对其健康成长有着特定的作用。教育的目的就是充分发挥成人的正面影响与积极引导，细心观察、用心陪伴，捕捉儿童生活中的细节，善于在自然情境中进行挫折教育，从而真正地寓教育于幼儿一日生活之中。

二、教师挫折教育理念与家长育儿观念的关系

幼儿教师的教育理念对实施幼儿挫折教育起着关键性的作用。无论是学前教育政策的落实、学前教育人才培养目标的实现，还是学前教育质量的提高、幼儿学习与发展的提升，核心都在于教师。而在幼儿园的一日生活

① 吕静、周谷平：《陈鹤琴教育论著选》，人民教育出版社 1994 年版，第 508 页。

中，一旦幼儿遇到挫折，教师也能站在孩子的角度去理解，积极鼓励，适时介入，在保护幼儿自信心的前提下，通过开展有意义的游戏活动，让幼儿亲身去体验、去尝试，从而锻炼幼儿战胜困难的勇气和胆量。教师的这种"理解—鼓励—保护—锻炼"的教育行为，其实就是教师挫折教育理念的外在体现。但鉴于在幼儿挫折教育认知、理念等诸多方面的差异，教师的挫折教育理念往往与家长的育儿观念产生冲突。

充分感受和体验挫折是挫折教育的基础[①]。但在家庭生活中，一个明显的问题就是幼儿享受着"集万千宠爱于一身"的特殊地位，即使有一些所谓的生活困难或交友困难，但在"直升机家长"和"除草机家长"[②]的过度关注下，幼儿很少有自己处理冲突、解决困难的机会，溺爱正在无形中毁掉幼儿的价值观。"溺爱倾向于把儿童婴儿化，阻碍他自己的力量、意志、自我坚持的发展。"[③]如果缺乏自己努力的需求得到满足，幼儿很难有对挫折的充分感受和深刻体验，也没有对困难的辨别和解决过程，长此以往，必然会使幼儿形成畏难和依赖的心理。

因此，教师挫折教育理念如何与家长的育儿观念达成共识就显得尤为关键。《幼儿园工作规程》要求"幼儿园应当主动与幼儿家庭沟通合作，为家长提供科学育儿宣传指导，帮助家长创设良好的家庭教育环境，共同担负教育幼儿的任务"。可以看出，家长育儿观念的更新需要幼儿教师的指导与服务，教师挫折教育理念如果缺乏家长的认同与配合，其效果就会大打折扣。真正的挫折教育，必然是教师与家长在科学理念的指导下，相互配合，充分发挥各自独特的教育优势，真正形成家园共育的教育合力。

三、挫折教育方法与幼儿身心发展特点的关系

为响应联合国教科文组织国际教育发展委员会 1972 年提出的"学会生存"教育战略，许多国家的学校将生存能力教育列入正式教学计划，一些挫折教育方法也随之产生。如德国的家长从来不包办孩子的事情，他们将子女视为独立的个体，给他们足够的空间，让孩子们学习作为独立的人应该做

---

① 刘学兰、古丽丹：《幼儿挫折教育浅析》，《教育导刊》2000 年第 1 期，第 20—22 页。

② 谷理：《挫折教育既要随遇而"诲"，又要未雨绸缪：访华东师范大学学前教育系心理教研室主任周念丽》，《教育家》2019 年第 19 期，第 10—11 页。

③ [美]马斯洛：《存在心理学探索》，李文湉译，云南人民出版社 1987 年版，第 181 页。

的事情。德国挫折教育的重点是让子女学习应该做的事，在德国，孩子 1 岁的时候父母就鼓励他们自己捧着奶瓶喝奶。德国人常说让孩子遭遇挫折，是让孩子懂得一个人走向社会，最终要靠自己，靠自立和自强，要对自己负责。[①]

挫折教育应从婴幼儿抓起，“孩子的发展能力取决于父母的发展”[②]，家庭应是挫折教育的第一课堂。家长在日常生活中对待挫折、困惑的态度和处理方法，对孩子起着榜样与示范作用，潜移默化地影响着孩子抗挫能力的发展。随着孩子入园，他们每天在园的时间占较大比例，因此，幼儿园教育就成为挫折教育的主要途径。无论是家庭还是幼儿园，如果忽略了幼儿的身心发展特点，采取所谓的“流行做法”“先进经验”，生搬硬套，都可能会导致挫折教育的华而不实，而如何根据幼儿的身心发展特点采取科学、合理的方法就显得尤为重要。

幼儿的学习特点主要是直接感知、实际操作与亲身体验，游戏是幼儿园的主要活动方式，因此，幼儿园可以开展“挫折教育”主题活动，让幼儿在自己熟悉的生活经验中潜移默化地提高对挫折的认识、提高抗挫折的能力。如针对幼儿在遇到困难时出现逃避、过分依赖的情况，大连市某幼儿园在中班就设置了“我最勇敢”的主题活动，其内容主要有榜样熏陶、实践演练与总结成长三个部分，先带幼儿参观其父母工作的地方，再通过设置一些相同的情境，让幼儿真实地去体验如何克服困难。而总结部分则在肯定幼儿努力的基础上，让他们了解自己的长处和不足，同时适时教给他们战胜困难的具体方法。[③]

幼儿园也可以在角色扮演游戏中通过角色互换的方式，让幼儿分别扮演人际冲突中彼此对立的角色，让他们从中感知困难，体验挫折，体会不同的情绪感受。必要时教师可以介入，帮助幼儿分析冲突产生的原因并鼓励他们共同寻求解决问题的方法。可以说，没有最好的挫折教育的方法，只要符合幼儿的身心发展特点，就是适合的。

---

① 张海媛：《0～6 岁教养启示录Ⅲ：好孩子　大视野》，企业管理出版社 2013 年版，第 126 页。

② 《马克思恩格斯全集》（第三卷），人民出版社 1960 年版，第 498 页。

③ 陈艳荣：《幼儿挫折教育研究》，辽宁师范大学 2011 年学位论文，第 25 页。

四、对幼儿的期望与幼儿心理承受水平的关系

幼儿挫折的产生，其中有一部分来自于成人过高的期望。希望孩子"不输在起跑线上"，希望孩子能完成父母当年没有完成的愿望，希望孩子在学习、艺术等方面都能成为"别人家的孩子"。"如果要求他们的负担超过他们所能忍受的程度，如果过重的负担压倒了他们，那么，我们就把这叫做创伤性的，并且认为它们是危险的而不是有益的。"①

《3—6岁儿童学习与发展指南》特别强调幼儿园教师和家长要了解3—6岁幼儿学习与发展的基本规律和特点，建立对幼儿发展的合理期望。不合理的期望不仅会引发孩子的焦虑感、挫败感与自卑感，还有可能会让孩子身心疲惫、怀疑自己、看不起自己，也不利于其今后的健康成长。实际上，每个孩子都有自己的"发展时间表"，对孩子的期望一定要考虑孩子的心理承受水平。

影响心理承受水平的因素包括保护性因素和危险性因素。② 保护性因素主要指希望、父母帮助、教师支持等。保护性因素对个体的影响是累积性的，即个体在生活中出现的保护性因素越多，个体越可能适应逆境，减轻面对挫折的压力，而提高希望、加强成人对幼儿的鼓励支持等会提高幼儿面对挫折及解决问题的能力。对于幼儿来说，所谓危险性因素主要来源于家长的高期望或其他创伤性事件。对幼儿的期望不合理，或者对幼儿的支持帮助不够，都会导致其产生挫败感。

对孩子的合理期望要契合他们的心理承受水平，要把握好情境的"难度"与"强度"。挫折要在幼儿的解决能力范围之内，要充分考虑到他们的能力、思维等发展的有限性，避免让他们产生畏难情绪。如有的家长在孩子小班的时候就让孩子练习写字、拼音，由于孩子的肌肉发展、专注力发展还有待提高，长时间写字会让孩子即使"努力"了也达不到要求，这种盲目的期望就会挫伤孩子的自信心与积极性，最后使孩子丧失兴趣和信心。

五、幼儿挫折教育中挫折认知与挫折反应的关系

当幼儿遭遇到困难或自己的需求没有得到满足时，有的会产生愤怒、焦

① ［美］马斯洛：《存在心理学探索》，李文湉译，云南人民出版社1987年版，第181页。

② 聂衍刚：《青少年心理危机的心理机制及其干预》，广东高等教育出版社2017年版，第119页。

躁、紧张、发动攻击等情绪和行为反应，有的会感觉无所谓，也有的孩子会以乐观的心态面对困难，不断调整思路，积极寻求办法去处理解决。上述不同的挫折反应和困难本身或挫折情境并无直接的联系，如同孩子的作品没有获奖并不能直接导致紧张、无所谓或是乐观面对等挫折反应，而是受制于挫折认知的影响。

挫折认知是指对挫折本身、挫折产生的条件等的知觉、认识和评价。即使挫折情境比较严重，如果个体主观上评价为不严重，其反应也会比较轻微；反之，如果将一般的挫折情境评价为严重事件，也可能会引起强烈的情绪反应。[①] 幼儿的自我评价发展水平还比较低，对许多是非模糊不清，对困难或挫折情境的认知更多依赖成人的评价，经常不加考虑地相信成人所说的话。因此，成人的态度、教育方式将直接影响到幼儿对所经历的挫折事件的认知与适应，甚至会影响到他们未来的心理发展和健康成长。

成人的挫折认知，其背后反映的是成人的知识结构、教育观、价值观、儿童观等综合因素的影响。幼儿常常会将在幼儿园碰到的困难告诉家长，一般来说，家长对幼儿的挫折有如下几种不同的态度：一是轻描淡写，认为孩子在“耍脾气”，通过其他的奖励或转移视线来安慰孩子；二是感觉很丢面子，“怎么其他小朋友都可以，就你不行呢”；三是寻求挫折隐含的积极因素，帮助孩子分析失败原因，使其认识到自己的不足，支持鼓励孩子再去尝试。

成人在孩子遇到挫折时是大惊小怪、软弱，还是鼓励孩子树立信心、战胜困难，对孩子意志力培养和积极乐观人生态度养成的影响是截然不同的。成人对挫折的态度影响孩子的挫折认知，进而让孩子产生不同的挫折反应。唯有帮助孩子在挫折中学习，在挫折中有所收获，“吃一堑，长一智”，使挫折成为新的进步的契机，才能不断丰富孩子的生活经历，不断增长孩子的见识，而孩子的成长恰恰蕴含在这一过程之中。

第三节　科学开展儿童挫折教育

儿童产生挫折感的原因既有客体的因素，如自然环境的限制、社会环境的影响，也与儿童本身这一主体有关，如由于智能、体力和健康状况等因素

① 李海洲、边和平：《挫折教育论》，江苏教育出版社2001年版，第23—24页。

造成的障碍而无法达到既定的目标，或由于实现动机与现实条件差距较大等，儿童都会产生挫折感，进而对活动丧失兴趣和信心，挫折感严重的甚至会产生愤怒、敌意、嫉妒等情绪。挫折对每个人都是难以避免的，作为家长，对孩子进行挫折教育是很有必要的，这也是形成儿童良好心理品质的重要基础。

一、更新挫折教育观念

在一些家长看来，幼儿是稚嫩的，其童年应该充满快乐，不应让孩子再吃苦，特别是随着生活水平的提高，挫折教育可能已经“落伍”了。我们知道，人的成长就是不断从一个环境进入到另一个更大、更复杂环境的过程，因此，社会生活的复杂性与多元性也决定了人的一生总会遇到各种各样的困难与挫折，而儿童是否健康成长的重要标准就是其如何应对生活中的变化与挑战。如果孩子敢于面对挫折、勇于克服困难，相比那些回避挫折或者害怕挫折的孩子更勇于尝试，更有自信心，也就相对进步更快。

家长要更新观念，首先应认识到挫折是普遍存在的，任何人都无法避免。所谓的一帆风顺只是一种理想，是相对而言的。其次，要认识到挫折对于孩子成长的积极意义。挫折确实在一定程度上给孩子带来打击、痛苦，甚至影响到孩子的身心健康；但挫折也具有正向价值，挫折能锻炼人的意志力，促使人奋起、成熟。因此，适当的挫折，可以促使孩子尽快成长，从而适应不断发展变化的生活环境。

二、加强亲子沟通交流

沟通交流是家长与孩子之间交往不可或缺的部分，良好的沟通交流能够帮助亲子之间建立亲密的关系。如果家长能够真正站在孩子的立场上，尊重孩子，允许他们自由表达自己的意见，而不是想当然地居高临下或是以过来人的身份说教，这对于遭受挫折的孩子能起到一种稳定情绪的作用。如孩子受到同伴欺负了，家长要给孩子一些真诚的关心，倾听孩子的心里话，或是与孩子共同想办法解决问题，引导孩子学会怎样自己以及如何与同伴友好相处。

研究证明，家长教育孩子“其本身就是一种符号交往活动，它所依靠的不是符号形态本身，而是语言符号所传递的事实与意义”[①]。在挫折教育中，家长只有与孩子进行有效的沟通交流，才能发现孩子的真实需要和行为动机。这样，当孩子出现挫折感受时，家长才能给予他们及时恰当的引导和帮助。

三、让孩子在体验中获得自信

面对挫折，是采取积极、主动的心态和正确的归因方式去解决困难，还是逃避困难、消极对待，这和孩子的自信心有很大的关系。自信心越强，越能经受挫折的考验。孩子的自信心不是家长凭空给的，而是在平时的“做事”过程中积累的。很难想象，一个平时没有机会独立做事、处处依赖家长的孩子，其自信心从何而来？因为这样的孩子没有体验过独立做事的成就感，没有体验过照顾别人、帮助别人的快乐。

鉴于此，家长要有意识地让孩子多经历一些事情，敢于放手，让他们亲身体验挫折，如鼓励他们积极参加各种集体活动，学会适应各种不同的环境，应对一些突如其来的困难；多给孩子成功的机会，增强他们的自我效能感。特别是幼儿，他们还缺乏自我评价的客观基础，对自我的认识更多来自成人的评价。成人的鼓励表扬，一方面可以使孩子的受挫意识得以改变，从中有所收获；另一方面又能增强孩子继续尝试的勇气和信心，激励他们努力克服困难。当孩子一次次战胜困难时，“我行”“我能做到”的自信心就会不断增强，这也为未来减轻或消除挫折感打下了良好的基础。

四、家园合力促进儿童耐挫能力的发展

在同一种挫折情境下，孩子在幼儿园所表现出的抗挫折能力要强于在家里表现出的抗挫折能力。[②] 这是因为老师提出的要求更符合幼儿的学习特点与最近发展区，幼儿会努力去达到，并且能够提高其抗挫折能力。这也说明孩子的挫折承受力与家长的养育方式和态度有关。如果家长对孩子要求比较严格，善于鼓励支持孩子，当孩子面临挫折情境时，就能够以积极的

---

① 刘世清：《言语对话：教学交往的诠释路径与意义生成》，《当代教育科学》2011 年第 3 期，第 3—7 页。

② 刘丽英、刘云艳：《幼儿抗挫折能力的影响因素探析》，《教育导刊》(下半月)2010 年第 3 期，第 29—32 页。

态度与行为去应。如果家长对孩子比较溺爱，抗挫折能力较弱的孩子在面对挫折时往往会采取回避或退缩的行为。因此，解决孩子挫折教育问题的关键在于家长，家长要与教师积极合作，理解、认同并支持教师的教育教学工作，不断学习家庭教育知识，提升家庭教育能力。唯有如此，家园才能真正携手，共同促进孩子的健康成长。

专题七

行为强化

成人的反应会导致孩子问题行为的有效解决或恶性循环，成人对孩子行为的反应并非来自孩子，更多来自对孩子行为的解释。家长以身作则，方可施教于孩子，但家长若没有把握好行为强化的要义，也可能表现出对强化理论的误用。

第一节　行为强化与儿童的问题行为

行为强化理论是美国心理学家和行为科学家斯金纳(Skinner)提出的，主要研究人的行为与外部因素之间的关系，侧重于人的行为的修正。斯金纳认为，人们为了达到某种目的，会采取某种行为，如果这种行为的后果对个体有利，他就会重复这种行为，如果不利，这种行为就会减弱或消失。因此，成人可以通过控制儿童行为的后果来修正他们的行为。[①]

行为强化理论虽然最初是利用动物的实验结果阐述的，但是行为强化也是一个对人类行为构成影响的自然过程。通过行为强化过程得到增强的行为，称作操作性行为。操作性行为作用于环境，产生出一个结果，它随后被这个直接结果所控制，或者作为这个直接结果的结果出现。这个增强了操作性行为的结果就称作强化物。[②]

如果家长把孩子放到床上，孩子就会哭闹，这个哭闹行为就是一个操作性行为。这时家长过来表达了对孩子的关心，这个关心就是对孩子哭闹的强化物，因为是他的哭闹导致了这个直接结果，他的哭闹行为被强化了，将来孩子更有可能通过哭闹来获得父母的关心。可以看出，强化理论的误用可能会导致孩子的问题行为，因此，科学运用强化理论，正确引导、激励孩子，这是我们家长亟须提升的能力素养。

成人一般比较喜欢听话、乖巧的孩子，无论是同伴交往还是亲子活动，

---

① 阮文彪：《组织行为学》，中国农业出版社2007年版，第122页。

② ［美］米尔腾伯格：《行为矫正：原理与方法》(第5版)，石林等译，中国轻工业出版社2015年版，第58页。

这种类型的孩子都极大地减轻了成人的负担，彼此的互动也很和谐。但现实情境是，嚎啕大哭数小时而不停止、动辄攻击别人、挑食不好好吃饭、不愿意上幼儿园、整天黏着父母的孩子却比比皆是，这也让很多家长很是担忧：这不是我们理想中的孩子啊，如何才能解决孩子的问题行为呢？其实，孩子的问题行为一般都可以在孩子与成人的互动以及成人的反应中找到关联性。

一、儿童问题行为的关联性理解

关联性又称为相关性，是常用的法律术语，“如果证据从逻辑上能够证实或者推翻某项待证事实，那么它就具有关联性”①。儿童问题行为的关联性是指儿童的问题行为与成人的反应存在某种联系，也可以说，成人的反应会导致儿童问题行为的有效解决或恶性循环。如果成人对孩子的期望超出了孩子的实际能力，或者不清楚孩子的真正需求，仅仅是按照“想当然”或“父辈经验”来教养孩子，可能会无形中导致了孩子问题行为的产生。

学龄前孩子的价值观还没有形成，对于所谓的对与错、好与坏并不是十分清楚，但是他们已经有能力通过成人对他们行为的反应来推论并决定自己接下来的行为。在与孩子的互动中，如果成人言行不一、轻易承诺、体罚孩子、情绪反常，孩子也会从中学到“欺骗他人、欺负弱势、随时发脾气”等问题行为。也可以说，孩子正是从“自己行为—成人反应”这种关联性中习得规则、不断成长的。

二、行为强化与儿童问题行为的关系

当孩子用哭闹、发脾气来达到自己的目的时，很多家长可能认为“孩子哭闹时，要尽快抱起来安慰”或是“孩子发脾气时，那么多人看着多尴尬，尽快满足他的需求就行了”。但在满足孩子需求的过程中，孩子会从自己的行为与父母的反应中学到什么关联性呢？一方面，孩子会认为“我想要什么都能得到满足”，哭闹时爸爸会过来陪，晚上只有妈妈抱着才能入睡，任何时间想吃东西都可以。而父母的这种反应会强化孩子以后的行为，亦即通过哭闹、发脾气来达到自己的目的。

---

① 转引自倪红：《美国证据关联性规则研究》，兰州大学 2008 年学位论文，第 5 页。

另一方面，孩子会从中学到所谓的规则：爸爸妈妈没有需求，或者爸爸妈妈的需求完全不重要。如果孩子学到的是这种关联性，那么孩子就会在以后的行为表现中得出结论：自己想要什么就有什么，别人怎么样不重要。他们认为凡事"我来做决定"：如果我坐在地板上发脾气，就能立刻实现我的愿望；如果不想吃这种食物，妈妈就会给我煮别的东西；如果早上我不肯穿衣服，妈妈就会帮我穿；如果我不整理房间，妈妈也会帮我整理的。孩子就会认为家长的话根本没有意义，即使自己行为不当，但自己还是"赢了"。如此一来，孩子就认为可以随时实现自己的意志，不用去考虑他人的感受，更没有从中学到如何为自己的行为负责。

不过，很多家长很是受挫，尽管也充分满足了孩子的需求、对孩子也是百依百顺，但糟糕的情况仍然不断发生，孩子还是动辄通过哭闹、发脾气来实现愿望。其实，这很大程度上是家长的"立即满足""百依百顺"等不当反应造成的，因为孩子已经习惯于情绪化地表达心愿，还没有学会区分什么样的行为应当限制，什么样的行为不可容忍。当和家长意见不合时，孩子就会哭闹、耍性子，而家长最终也会以同样的反应对待孩子的每一个行为，这也不可避免地导致孩子的任性、自私、一意孤行等问题行为。

另外，也有家长反其道而行之，通过指责、批评甚至发火来对待孩子的问题行为，可孩子却更多把注意力放在了对抗父母上，并没有觉察自己的情绪，更不会让自己保持冷静和自控，其结果是与父母"热战"或置之不理。而家长的指责、批评会让孩子认识到声音大、嗓门高更有利于"获胜"，这种关联性推论也容易让孩子缺乏自控力、随意宣泄情绪，甚至产生具有攻击性的行为。

第二节　走出行为强化的误区

"行为没有对与错，唯一有意义的是在恐惧与爱之间作出选择。"[①]成人对幼儿行为的反应并非来自孩子，更多来自对孩子行为的解释。家长以身作则，方可施教于孩子，但家长若没有把握好行为强化的要义，也可能表现

① 转引自[美]娜奥米·阿尔多特：《养育孩子，一场温暖的修行》，杜蕾蕾译，华夏出版社 2013 年版，第 36 页。

出对行为强化理论的误用。

一、界限设置不合理，容易误导孩子

年龄小的孩子并不懂“规则”意味着什么，“对好与坏的行为标准还不十分清楚，所以他们还是要根据成人的情绪反应来评判自己的行为”①。孩子需要安全感，想要得到保护，需要那种“爸爸妈妈知道什么对我是好的”的感觉。如果家长认为“只要孩子喜欢，不胡闹就好，这是我们家的规则”，这不仅会造成孩子的自负，还会无形中导致孩子不尊重父母。以幼儿园上学为例，有的孩子重感冒发烧，家长一般会让孩子在家休养，以免传染给其他孩子。但有的家长却坚持把孩子送到幼儿园，还给老师解释说“孩子好想来幼儿园，我能怎么办呢”。因此，家长应该担负起必要的责任，基于孩子的年龄与发展状况设置合理的界限，而不是把一些决定留给孩子，让他们去选择。如果界限设置不合理，很容易造成孩子“凡事我都可以做主”的自负行为，认为自己比谁都强，不能正确评价自己，也不会从别人的角度着想。

家长要考虑哪些界限与规则对孩子重要，在明确目标的基础上，才能设置合理的界限。在界限的设置上要清晰明确，孩子能够理解，如此孩子才能事先知道家长的期望。而当孩子违反某项规则时，他自己可能就会觉察到，家长也不必做出专断的命令或禁令。例如，“把玩具放回箱子里”“马上放开弟弟”就清晰明确，表达也正面；反之，“你看你，玩具总是乱扔”“告诉你多少遍了，不要欺负弟弟”，对于这种间接且不明确的要求，孩子往往是无所适从的，看起来家长“义正言辞”，其实并没有收到一定的效果。

二、家长的反应强化了孩子的问题行为

很多家长会对孩子的某些异常行为抓狂：不停地哭闹、赖在地上打滚、攻击性强等。孩子的这些行为有时会一再发生，好不容易有所控制，但一段时间之后又会“死灰复燃”。幼儿为什么会出现这种恶性循环？其关键的原因往往是家长的反应间接“鼓励”了孩子的问题行为。也可以说，幼儿从家长的反应中学会了“哭闹是值得的，反正家长每次都来安慰；打人是有理由的，家长肯定会过来陪伴我”。在这样的情况下，孩子几乎总有理由做出异

---

① 林红、王成彪：《父母与子女的心理辅导：呵护孩子心灵成长》，北京大学医学出版社2012年版，第198页。

常的行为，这是家长造成的，尽管家长的本意并非如此。因此，避免幼儿问题行为的恶性循环，根本在于要让孩子从他的问题行为中得不到任何好处，并且家长在必要时采取行动。

如何恰当处理孩子的问题行为，而不是间接强化他们，这需要家长学习与观察，要能从孩子的神态、声调、情绪中清楚孩子是不是真正需要安慰和帮助。若是孩子因为无聊、生气或是耍脾气，或只是为了贯彻自己的意志而哭泣，家长可以采取忽视的态度，要以平静的心情容忍孩子哭泣，毕竟每个孩子都有权利心情不好。如果孩子对家长的指示无动于衷，那实际上是在测试："如果我不这样做，结果会怎样呢?"此时，行动的效果胜过言语，家长一定要采取行动，让孩子从错误的行为中承担后果，其关联性越清楚越好。

例如，孩子在家不喜欢收拾玩具，弄得满屋子都是，家长磨破了嘴皮子但效果甚微。为此，家长就可以采取必要的行动，让孩子"从后果中学到教训"。如果孩子拒绝收拾的话，可以告诉他："我给你 10 分钟，时间一到，我就把所有散落在地板上的玩具收进一个箱子里，到下周六你才能拿到这个箱子。"要是同一件玩具连续好几次都被收进箱子里，也可以把这件玩具没收一段时间。以后孩子收拾玩具时都是如此，直到孩子学会了这条规则：游戏结束后要整理好东西，不能随便乱扔，否则就没有玩具可玩了。由于"后果"清楚且公平，合乎逻辑且适当，孩子也能够体会，所以更有助于孩子从中学到规则。

三、对孩子需求关注不够，不懂得倾听孩子真正的需求

"倾听"听起来很容易，很多家长可能都认为自己"会倾听"。其实，良好的倾听包括两个方面的内容：一是倾听的主动性。即成人要不断自我反思，孩子所说的话背后到底隐藏哪些需求和感受。① 孩子经常不愿意说出他们的感受和需求，如果家长缺乏对孩子细致的观察，就很可能造成对孩子需求的误解，这也是造成孩子发脾气、哭闹等异常行为的原因之一。因此，主动倾听意味着家长通过对话、陪伴等行为让孩子知道：我们在认真对待你，而且在注意听你讲话。

---

① [德]安妮特·卡斯特-察恩：《每个孩子都能学好规矩》，陈素幸译，中信出版社 2010 年版，第 46 页。

二是对倾听的反馈与解读。家长要把听出来的信息反馈给孩子,“你认为小哥哥很烦,是吧”“你其实也很喜欢这样”“你是说,如果你们轮流玩这个玩具,就不会吵架了”。借此可以帮助幼儿更了解自己的感受,有助于孩子自己寻求解决办法。有时候,倾听也会变成一种解读,就是将孩子行为的信息正确解读出来,让孩子认为家长了解他,孩子也就失去了任何继续与家长抗争的理由。

四、忽视对孩子责任意识的培养

当孩子出现问题行为时,家长一般会采取两种方法。一种方法是责备,众所周知,孩子听到责备后一般不会立即改变自己的行为,在孩子看来,家长的责备就是发牢骚,他们从中得到的关联性是:他(她)不喜欢我,那么为了争取他(她)的注意,我还要继续这么做。同时,责备还会让孩子产生负面的感受,破坏孩子的自信。另一种方法是马上中断自己的工作去安慰、陪伴孩子。如此一来,孩子并没有机会为自己的情绪或行为负责,家长在一定程度上剥夺了孩子决定“哭”或“不哭”的机会,而且亲子之间已经开始陷入“争取注意”的恶性循环。

如果家长能正确传达出自己的感受与想法,“我现在要打电话,这对我很重要”“我现在没有时间为你讲故事,我必须要完成这件工作”“我很同情你,摔倒了一定很痛”,这样孩子会觉得受到成人的认真对待,同时家长的话也隐含着一些言外之意——我相信你可以处理这个情形。

另一方面,家长要学会把一些决定权交给孩子,并让他们自己承担后果。要尝试给孩子一种暗示——我相信你会做出正确的决定。比如,家长可以决定吃饭的时间、饭菜的种类,送幼儿去幼儿园的时间,但至于孩子的食量、孩子的穿戴是否整齐等则可以把决定权交给孩子,家长的信任在很大程度上能帮助孩子自己做出决定,负起相应的责任。也只有当孩子觉得自己有责任、能感受到来自家长的信任时,才不会出现不愿吃饭,或是早上哭闹不愿上学的情况。如果家长过于大包大揽,孩子根本无从认识自己的需求和能力,也缺乏自由发挥的机会,就容易出现“我好无聊,我该干什么”这种无所事事的问题。

第三节　行为强化理论的科学运用

实际上，幼儿的问题行为有时不算是"问题"，只是孩子成长过程中表达的一种需求。孩子是表现优秀还是"让人抓狂"，一般都可以从家长的反应中找到关联性。是责备、惩罚，还是激励、赞赏，是批判、强调孩子的错误，还是接纳、发现孩子的闪光点，家长不同的反应引发了孩子对相应规则的学习，并且给予自我评价并去调整自己的行为。可以说，孩子成长的过程也是家长教育理念、思维方式、教养策略不断完善的过程。"我们已经习惯于按照'我们能教给孩子们什么'来思考，其实也许我们更需要扪心自问：我们可以从孩子们那儿学到什么。"①家长只有不断学习、加强反思，科学运用行为强化理论，才能真正读懂孩子行为背后的需求、情绪与态度，对孩子行为的反应才会更加合理、更加智慧与艺术。

一、强化目标要循序渐进

希望孩子在学习、日常生活等方面有哪些良好的习惯，或者要求孩子在同伴交往、亲子互动有哪些行为表现，家长对孩子的要求要循序渐进，要求过高则与孩子的实际发展水平相矛盾，容易造成孩子的灰心丧气，产生厌学、退缩的消极情绪和行为，要求过低则起不到较好的强化作用。

明确强化目标，有助于提高孩子的学习效率。例如，某儿童不能安静地看书，平常一般不能坚持 10 分钟，而正常大班的孩子注意力集中的时间可以达到 25—30 分钟。家长可以要求孩子安静地看书或手工活动 15 分钟，如果完成就给予一定的奖励。等孩子顺利达到要求后，再要求孩子延长到 20 分钟或更长时间。原来孩子做作业时总是到处走动，家长可以与孩子约定如果在作业完成之前只走动 3 次，就可以给予一定的奖励；等孩子顺利完成要求的时候，可以提出在作业完成之前只走动 2 次就给予奖励。

二、强化方式要因人而异

强化的方式有正强化、负强化、忽略及惩罚。对于儿童而言，正强化就

---

① [意]皮耶罗·费鲁奇：《孩子是个哲学家：重新发现孩子　重新发现自己》，张晶译，上海社会科学院出版社 2016 年版，第 7 页。

是奖励那些符合社会规范或良好的生活习惯,以使这些行为得到进一步的加强。例如,家长带孩子去游乐园以表示对孩子做家务劳动行为的肯定,从而增强孩子进一步热爱劳动、主动做力所能及家务的积极性。负强化是指避免令人不快的结果来增加符合社会期待的行为,例如孩子平时总是把玩具乱扔而受到批评,一旦某天能自觉收纳玩具,家长就应停止对他的批评。

忽略是指对某种行为取向正强化,以表示对该种行为的某种程度的否定。一种行为如果长期得不到正强化,就会逐渐自然消退。如孩子用哭闹的方式来获取自己想要的东西,如果家长采取忽略的方式,就可以有效减少这种不当行为的发生。惩罚是指呈现某种令人不快的刺激来表示对某种行为的否定,进而减少不合意行为的发生频率。如家长通过口头批评、皱眉、怒视等对孩子难以容忍的行为进行告诫,以减少这种行为重复出现的可能性。

由于每个孩子的个性特点、兴趣、需求都各不相同,所适用的强化方式也因人而异,对一个人有效的强化方式对另外一个人未必有效。因此,家长在运用行为强化理论的过程中,要考虑孩子的实际情况、性别、年龄特点、性格、环境等因素,注意强化类型与手段的选择。

三、行为结果要及时反馈

家长针对孩子行为的结果要给予及时反馈,无论结果是好还是坏,对行为都具有强化作用。好的结果能鼓舞人心,激励孩子继续努力;坏的结果能促使孩子及时审视自己的行为,积极纠正。因此,抓好信息反馈是激励和改变行为的重要环节。有时候,孩子想要的就是家长的一句鼓励的话、一个欣赏的眼神、一个笑容所承载的认可和肯定。但就是看起来很简单的要求,家长却没有做到,这是家长应该反思的地方。

孩子是单纯的,对家长的关注很敏感,如果孩子帮助了别人或是完成了一件高难度的作品,家长应该给予充分的肯定,这种肯定要及时。反之,孩子可能会形成这样一种想法:没有必要那么干,也没有必要对作品那么认真对待,毕竟,家长的反应都是一样的。就这样,孩子良好的行为习惯与社会公德意识就逐渐淡薄,而主要原因就在于家长的反馈不及时。

四、激励作用要有的放矢

对孩子的强化要尽量运用正强化，尽量避免惩罚。过多运用惩罚，往往会造成孩子幼小的心灵受到伤害，容易引起消极、对抗情绪；而随着年龄的增长，孩子甚至会采取欺骗、撒谎、隐瞒等手段来逃避惩罚。正强化能够使孩子变得更积极，对孩子更具有激励作用。

但激励也要有的放矢，主要体现在两方面：一是对孩子的奖励、表扬、认可一定是孩子非常珍惜的，否则将起不到作用。例如，孩子喜欢去游乐场玩蹦床，就可以用玩蹦床作为激励。二是对孩子的激励要符合实际，激励不等于虚夸，也不等于忽悠，应恰到好处，而不是信口开河"你是最棒的""你是最出色的"，但至于"棒在何处""哪些方面最出色"并没有一个清晰的说明。不切实际的激励其实在否认事实，让孩子觉得自己不被人理解而感到委屈，或觉得家长在怜悯自己，这反而会导致不良后果。

专题八

环境营造

对家庭环境的认识，不能仅仅停留在布置、美化家庭物质生活环境上，更要重视营造夫妻生活的感情、抚育子女的情怀、相互尊重、彼此信任的精神环境。儿童生理上最初的孱弱性，决定了他们对环境的依赖性；儿童行为的可塑性，决定了环境育人的必要性；儿童的年龄特征，决定了创设良好环境的迫切性。

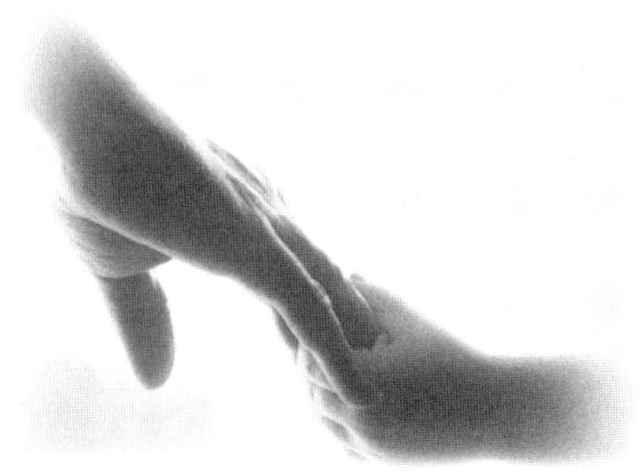

第一节　多重视角下对家庭环境的认识

对于孩子来说，家庭是最自然的生态环境，也是第一个教育环境，家庭环境对孩子的健康成长意义重大。所谓“习善而为善，习恶而为恶”“近朱者赤，近墨者黑”“孟母三迁”“染于苍则苍，染于黄则黄”“蓬生麻中，不扶而直；白沙在涅，与之俱黑”，以及孔子告诫弟子们所说的“与善人居，如入芝兰之室，久而不闻其香，即与之化矣；与不善人居，如入鲍鱼之肆，久而不闻其臭，亦与之化矣”，都形象地概括了环境对人的巨大影响。正如陈鹤琴所言：“小孩子生来大概都是好的。到了后来，或者是好，或者变坏，这是环境的关系。环境好，小孩子就容易变好，环境坏，小孩子就容易变坏。”①由此可见，家庭环境对孩子的影响更直接、更深刻、更持久。

一、系统思维下家庭环境的作用

对家庭环境的认识，不能仅仅停留在布置、美化家庭物质生活环境，而应从多重视角认识家庭教育，如，家庭环境在整个社会环境中的作用，家庭环境与孩子成长的关系，家庭成员的思想品德、行为规范、家庭氛围、亲子关系等对孩子的影响等。正确认识家庭环境及其价值，是一名合格家长的必备修养。

环境是一个复杂的统一体，既有宇宙环境、自然环境、社会环境、学校环境，也有家庭环境。从环境对人的生活造成的影响来看，前者是间接的、外

① 北京市教育科学研究所：《陈鹤琴教育文集》，北京出版社 1983 年版，第 743 页。

在的公共因素，而家庭环境则是直接的、内在的个人因素。人们对待外在的环境，可以接受、躲避，但对于家庭环境，由于其始终对人们的生活有切身的利害关系，特别是年龄小的孩子，更是没有能力进行取舍，因此，家庭环境对孩子的性格、心理、未来职业选择等都有密切的影响。作为家长，也许在建设外在环境方面力不从心或者心不在焉，但对营造自身的家庭环境则是全身心投入的，如构建家庭成员衣、食、住行等需要的物质环境，营造夫妻生活的感情、抚育子女的情怀、相互尊重、彼此信任的精神环境。

家庭环境与外在环境并不是彼此对立的，家庭环境是在外在环境的具体条件下形成的。一个家庭成立以后，若干年后又会繁衍出多个新家庭，如此代代相传，延续着人类的繁衍，传承着社会的发展。因此，外在环境与家庭环境构成孩子成长的一个完整的环境系统。家长本身就具有两重性，既要建设外在的环境，又要营造家庭环境，二者的有机融合，也是家长作为社会主体成熟程度的体现。

二、关系思维下家庭环境与家庭成员的相互成就

家庭的教育方式、家长的价值观都在影响着孩子的身心发展。例如，民主型的家庭，孩子就自信、乐观，敢于面对挑战；溺爱型的家庭，孩子就可能缺乏独立意识，自私、任性，在困难面前感觉无助、失落，容易依赖家长；而存在感情危机或是充满不稳定因素的家庭，孩子的心理健康也是畸形的，容易发展成冷酷、自卑、缺乏同情心等不良的性格和行为习惯。

良好的家庭环境需要家长的用心营造，需要家庭成员的和睦相处，特别是夫妻之间，应相互关怀、彼此尊重、互帮互助、终身为伴，成为家庭生活稳定的核心。即使出现一些不和谐的因素，夫妻双方也应理性处理，把家庭矛盾内部化解决，努力维护一个和谐的家庭，让孩子体验到家人间的相互信任、关爱与浓浓的亲情，并从中学会感恩、珍爱生活。

良好的家庭环境，是培植孩子良好心理素质和健康成长的土壤，是亲子关系和谐发展的基础保障。而随着家庭成员感情和思想联系的进一步深化，家长还要思考家庭环境在新时代背景下对孩子的影响有哪些变化，如何真正让家庭环境成为孩子健康成长的助推器，进而达到家庭环境的良性循环。

三、重视人作为环境的重要性

环境对人的影响是巨大的，我们任何一个人都要顺应时代潮流才能进一步发展，才能走向成功。但需要强调的是，“人”也是格外重要的环境要素，特别是孩子成长过程中的“重要他人”，“名师出高徒”“虎父无犬子”“近朱者赤，近墨者黑”等俗语的流传都体现了人作为环境的重要性。父母作为家庭环境的重要一部分，其意义尤为突出。《三字经》中的“养不教，父之过”，《论语》中孔子“远其子”，表达的是父子关系问题，富有深意；《孟子》的“严家无悍虏，慈母有败子”，说的是父母的教养态度；《韩非子》一书中，“一家二贵，事乃无功；夫妻持政，子所适从。”表达的是父母教育孩子要保持一致。《颜氏家训》颜之推则认为“父子之严，不可以狎；骨肉之爱，不可以简”，亦即父母与子女之间的关系应当严肃，不可过分亲近而失于态度不庄重；父母应当怜爱自己的亲骨肉，不可对子女无理，要求过于苛刻与严格。[①] 这些家庭教育箴言都非常精辟，也在一定程度上指出了父母在家庭教育中的重要价值。

孩子的性格并不是天生的，更多是在后天的教育与环境中形成的，而父母无疑是第一个和最重要的环境影响因素。榜样是一面镜子，也是一面旗帜。孩子的年龄越小，榜样的感染力就越大。孩子最初的行为习惯几乎都是观察模仿父母而习得的。父母的一言一行、一举一动，犹如一本无字的教科书，对孩子的行为习惯产生着潜移默化的影响。

第二节　家庭环境的教育价值

人类具有适应环境、选择环境与改造环境的能力，儿童生理上最初的孱弱性，决定了他们对环境的依赖性；儿童行为的可塑性，决定了环境育人的必要性；儿童的年龄特征，决定了创设良好环境的迫切性。[②] 从这个意义上说，家庭环境是儿童重要的生存基础与发展基础，其教育价值主要体现在如下几个方面。

---

① 赵忠心：《中外家庭教育思想简史》，中国妇女出版社 2021 年版，第 10—26 页。

② 福建省妇女联合会、福建省家庭教育研究会：《中华家庭教育综论》，福建教育出版社 1996 年版，第 324 页。

一、家庭环境对孩子的心理发展起着决定性的作用

家庭是个体生活的最初环境，早期家庭环境的创设对人的心理发展至关重要。实践证明，很多成人表现出的能力不足、多疑敏感、缺乏信任等问题往往是早期家庭环境的不良刺激所引起的。如果家庭气氛紧张，父母经常发生冲突，就会导致孩子缺乏信任感，难以和老师、同学建立和谐、信任的人际关系。反之，民主、和谐、积极向上的家庭气氛则有助于个体的成长。在这样的家庭环境中，所有的家庭成员彼此信任、相互支持、和睦相处，都能在各自的工作、学习岗位上努力向上，争先创优，从而促进亲子之间的共同成长。

另外，早期家庭环境的剥夺可能会毁掉孩子的一生。比如，广为流传的印度狼孩，大概在出生后半年被狼衔走，年长的大约 8 岁，年幼的在一岁半左右（不久就死于肺炎）。尽管回到人类世界后，人们对两个孩子进行了“人性”的训练和教育，但效果甚微。年长的狼孩直至 17 岁临死前，她的智力水平还不及 3 岁左右的婴儿，并始终没有学会正确地说话，这恰是早期失去人类生活的环境造成的。

二、家庭环境能提供孩子健康成长所需的安全感

家庭环境具有保护的机能，能够让孩子在家庭这个可以防止社会的各种不良因素侵袭的安全场所中生活，特别是对年幼的孩子尤为必要，这就是安全感，是整个儿童期心理健康发展的重要基础。所谓安全感，既包括对生理安全的体验，也包括对心理安全的体验，涉及人身安全、活动安全、危险性、威胁与惩罚、尊重、依赖、信任等多方面。

安全感有利于学龄前儿童形成积极的认知愿望；安全感是学龄前儿童乐于交往、与人建立积极情感关系的保障；安全感决定儿童对群体的归属感；安全感会影响儿童价值观的形成。① 如果家庭过度保护或保护不足，如过分夸大环境的不安全性，对孩子呵护有加，这会让孩子即使在没有任何危险和威胁的情况下，也会体验到不安全感，不敢面对任何困难，容易出现退缩、逃避甚至出现社会适应困难等问题行为。

---

① 刘凯：《心理学全书》（第 2 册），线装书局 2016 年版，第 852 页。

一般来说，家庭成员之间的关系，特别是父母之间的关系，对孩子的安全感会产生直接影响。在一些家庭，孩子容易成为夫妻之间矛盾的导火索或冲突之后的出气筒，孩子经常处于惶恐不安之中，这容易导致孩子心理异常、孤独、无助，难以与人相处，进而影响孩子的健康成长。

三、家庭环境对孩子性格的塑造具有特殊的意义

孩子的性格千差万别，有的孩子活泼乐群，情绪稳定，独立性、主动性都比较强；有的孩子则经常表现出冷淡、粗暴、被动性、胆怯、情绪不稳定等行为问题。影响儿童性格形成的因素是多方面的，遗传素质是人的性格形成的前提，后天的环境、教育以及各种社会实践活动对孩子性格的形成影响较大。

家庭环境在儿童性格发展中具有特殊的意义，是孩子性格发展的必备环境条件，亲子间的关爱，特别是母爱是儿童性格发展的重要因素。在教育孩子的过程中，我们经常看到一些妈妈崩溃大哭，失去理性体罚孩子，或者冲孩子咆哮。有调查显示，64.2％的受访者表示自己身边“咆哮妈妈”很普遍，28.8％的受访者小时候经常受到妈妈“咆哮式”的教育，56.7％的受访者偶尔遇到，仅14.5％的受访者表示乎没有”。对于妈妈咆哮时的样子，24.8％的受访者直言仍清晰记得。那么，这种“咆哮妈妈”会给孩子性格造成什么影响呢？调查显示：情绪容易激动（65.9％）、不自信怕被责备（43.8％）、没有安全感（38.6％）是主要影响。其他依次为：幸福感缺失（36.1％）、容易消极悲观（32.9％）、工作生活不积极（30.1％）、对家庭没有期待（22.3％）、没有责任感（21.0％）。[①] 母亲之所以对孩子咆哮，很大程度上是因为“晓之以情、动之以理”无能为力，只有通过情感的发泄才能解决问题。但实际上母亲的这种行为会容易导致孩子在未来的工作与学习中缺乏自信心、胆怯、没有主见、遇到事情会选择逃避，不容易取得成功。

第三节 如何营造良好的家庭环境

良好的家庭环境，是孩子身心强健的有效保障，也是社会主义精神文明的组成部分。营造良好的家庭环境，需要所有家庭成员的共同努力，更需要

---

① 《读者参考丛书》编辑部：《距离与美》，学林出版社2017年版，第137－138页。

基于儿童的特点进行有针对性的设计与规划。

一、游戏环境

游戏环境主要是指孩子游戏时所需要的环境，既包括游戏空间、游戏材料、玩具、游戏时间等物质环境，也包括游戏氛围、亲子关系等精神环境。游戏材料是儿童游戏的物质基础，能诱发、支持、发展孩子的游戏活动。儿童往往是在游戏材料的启发下产生联想，引起游戏愿望的。离开了游戏材料，游戏几乎难以进行。孩子越小，对游戏材料的依赖性越大。从这个角度来说，为孩子提供适当的游戏材料成为家长必须要考虑的问题。一方面，选购孩子喜欢或感兴趣的玩具，但并非玩具价格越高就越好，而是要选符合孩子年龄特点的玩具，并且要注意玩具的安全操作。另一方面，与孩子一起利用生活中的材料制作玩具，这不仅锻炼了孩子的动手能力，也是培养亲子关系的重要契机。

但在实践中，游戏环境往往被人们认为仅仅是幼儿园的游戏环境，家庭的游戏环境并没有引起家长的重视。家庭游戏环境的创设需要家长改变理念，充分认识到游戏对儿童成长的意义，合理利用家庭的空间布局，根据孩子的年龄特点设置游戏场所、投放游戏材料、创设温馨和谐的家庭氛围，让孩子从心理上感到安全、自由，这也是孩子健康成长的基础。正如陈鹤琴所言，“做父母的不得不注意小孩子的游戏环境，给他有很好的设备，使小孩子得着充分的运动，更让他有适宜的伴侣，使小孩子得着优美的影响。这样，小孩子的身体就容易强健，心境就常常快乐，知识就容易增进，思想就容易发展了”①。

二、阅读环境

阅读是人类的一项极为重要的技能，生活中智慧的传承大多靠阅读书籍，因此，培养儿童的阅读习惯是帮助其成长的第一要素。阅读对孩子来说有四大好处，一是增加知识，孩子通过阅读书籍，可以扩大眼界，增长各方面的知识，并从中不断清晰兴趣爱好，明确发展目标所在。二是阅读大量优秀的文学作品，可以培养孩子高尚的情操。三是大量的阅读能帮助提高孩子

---

① 陈鹤琴：《家庭教育与父母教育》，上海人民出版社 2016 年版，第 195—196 页。

的语文水平，通过多阅读，学习他人如何抒情、叙述、议论，进而不断提升写作能力。四是阅读能够刺激孩子的脑力发展，提升逻辑思维、形象思维、逆向思维等能力。①

良好的阅读环境，需要家长的用心营造，如为孩子布置一个温馨的书房，设计适合孩子的书柜或书架，购买适合孩子阅读的绘本或图画书。正如苏联心理学家维果茨基所说："家庭教育的经验告诉我们，置身于书本包围中的儿童不加任何训练常常便能掌握阅读。"②

创设良好的阅读环境，并不仅仅是为孩子打造一个书房或书柜，更不是购买大量的书籍摆放家中，良好的阅读环境，其实需要家长的以身作则以及亲子之间共同参与互动的状态，这是非常重要的一点。身为家长，要为孩子树立热爱阅读的榜样，无论多忙，家长每天都要抽出一定的时间看看书，经常和孩子交流读书的感受与心得体会，或者带孩子去图书馆、书店，指导孩子如何选书、借书、还书，引领孩子享受阅读的氛围，享受那种"心静"的状态。如果我们能够真正沉下心来，让一本好书和一个好故事，将我们带入另一个世界，这难道不是一件很美妙的事情吗！

三、艺术环境

每一个孩子都是艺术大师。但对于何谓艺术，如何营造艺术的环境，很多家长可能还比较陌生。一些家长更多是通过上辅导班、请家教来满足孩子在艺术上的需求。其实，艺术是人类感受美、表现美和创造美的重要形式。孩子在家里乱涂鸦、信马由缰地画画，或是跟着音乐兴奋地跳舞，这种纯粹在玩乐中享受的乐趣，应该是最淳朴的艺术。

《3—6 岁儿童学习与发展指南》对儿童在不同年龄段的艺术表现有不同的合理期望，也明确指出：每个孩子心里都有一颗美的种子，幼儿艺术领域学习的关键在于充分创造条件和机会，在大自然和社会文化生活中萌发幼儿对美的感受和体验，丰富其想象力和创造力，引导孩子学会用心灵去感受和发现美，用自己的方式去表现和创造美。另外，由于孩子对艺术的感受和理解不同于成人，他们在认知事物、情感表达等方面有自己独特的方式，因

① 龚曙光：《童年书写的想象与未来：第十四届亚洲儿童文学大会论文集》，湖南少年儿童出版社 2018 年版，第 169－170 页。

② ［苏］维列鲁学派：《发展思想与教育论著选读》（上），中国环境科学出版社 2006 年版，第 59 页。

此，家长应对孩子的艺术表现给予充分的理解和尊重，既不能用成人的视角去评判幼儿的作品“像不像”，又需要在家庭艺术环境的营造上善于用心。

家庭艺术环境的营造并不是一定要有专业的设备或材料，或是刻意挂上世界名画，更多的是家长对孩子艺术兴趣的培养与激励，是让孩子在家庭中有艺术创作的空间，有身心放飞的自由，有一种“我喜欢、我愿意”而不担心评价的氛围。具体来说，家长可以为孩子提供涂鸦的场地，带领孩子唱唱传统歌谣，与孩子一起做小时候玩的游戏，帮助孩子感受传统文化给生活带来的无限乐趣，或是创造审美的环境，通过整齐摆放物品引导孩子对玩具等游戏材料的有序归类，这些都会在无形中让孩子感受到审美的影响，养成一种审美的习惯。

上述的艺术环境是符合孩子身心发展特点的，也有助于孩子创造力的发展和心智成长。毕竟，“艺术教育最重要的目标是培养自信、有创造力的儿童，这样的儿童渴望表现自己的思想，敏锐地感受周围的人与物，反应快，有创造性”①。从这个意义上说，让孩子多去体验生命中的感动，倾听内心的情感与外在事物的交流，在生活的点滴细节中引导孩子发现和感受美好的事物，这是家长理应转变的思维方式。

四、娱乐环境

娱乐和休息的功能是家庭建设中的重要一环。无论家境好坏、房子大小、城市还是农村，家都是孩子们玩耍、嬉戏、学习、生活和成长的码头，也是容纳躯体、放松和调节心情的地方，是伴随孩子们快乐、痛苦、悲伤等情绪情感的地方。娱乐功能是人生中不可或缺的环节，它和人的生命健康、生活的宽度和厚度密切相关。如果孩子在家庭中没有生活乐趣，缺乏精神享受，这样的童年是灰色的，也会影响孩子的智力开发；这样的家庭也是死气沉沉的，缺乏家庭生活的朝气。

娱乐环境的创设和家长的心态息息相关，如在亲子游戏过程中，家长应保持一种童心，亦即要有天真、活泼、真挚、可爱的一面，这样才能更好地扮演孩子朋友的角色。反之，如果家长总是以成人的心态与孩子相处，处处对孩子进行管教，或防止孩子受伤经常阻止孩子进行有一定风险的娱乐活动，

---

① 王伟:《当代美国艺术教育研究》，河南人民出版社2004年版，第63页。

都可能让孩子对家长敬而远之，也无法让孩子在娱乐中学会应对风险。

除了在家庭中进行娱乐环境的营造外，大自然也为孩子的娱乐提供了丰富多样的活动。“在自然界中，让儿童去学习知识远没有让他去体验重要。”①因此，家长应积极引导孩子亲近自然，去提高孩子的观察能力、注意力、安全意识，增强孩子的环保意识，培养孩子对自然、科学、动植物等相关知识的兴趣。当然，把娱乐环境设置在大自然，家长尽量不要带有特别的预设立场，不要期望孩子学到多少知识，最重要的是放慢脚步，多看、多听、多用手触摸，这种亲身的观察与体验，不仅能激发孩子的好奇心，也有助于培养孩子的自信心。

无论是教师的讲授还是家长的“言传”，很多时候孩子对一件事情的判断通常都是被动的，孩子也缺乏相应的凭据。但在大自然中，孩子的观察、触摸，让很多事物有了“立体感”，也有了“眼见为实”的支撑。这比成人教导更深入、深刻，也会收到意想不到的效果，如良好个性的养成、健康的身体、善于发现和思考的习惯，这比提前教给孩子知识要重要得多。

---

① 转引自［美］洛夫：《林间最后的小孩：拯救自然缺失症儿童》，自然之友编译团队：郝冰、王西敏等环保自愿者译，湖南科学技术出版社2013年版，第134页。

专题九

规则制定

一个社会需要规则，同样一个家庭也需要一定的规则来促进良性的循环，合理、科学的规则也是家长价值观的一种传递。家长应在孩子成长的关键期逐步培养孩子的规则意识，让孩子在生活实践中充分了解规则，在引领示范中遵守规则，在不断地正向强化中获得快乐的体验。这样，切身的感受就容易自然而然地内化为孩子的自觉行为规则，从而促进孩子的健康发展。

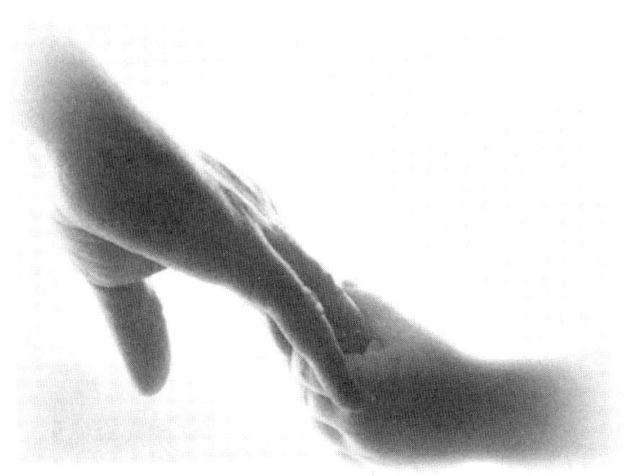

第一节　儿童规则教育存在的问题

规则是一个亘古而永恒的现实存在，在自然界和在人类社会，处处都体现着潜在的或显性的规则。在科学、合理、严格的规则中成长起来的孩子，长大后会比那些随心所欲、行为不受限制的孩子更能适应社会，更有自尊心。也可以说，人是按照规则生活的生物，无论是遵守作息时间、爱护环境、礼貌待人、生活自理，还是诚实守信、自律自强等规则意识的萌发、规则行为的初步形成，儿童早期都是一个不可忽视的关键期。儿童规则意识的建立是一个“了解规则—形成习惯—认同内化”的过程。

在这一过程中家长担负着重要责任，家长要引领孩子建立规则意识，通过问题厘清、以身示范，帮助孩子把规则意识内化为自觉行动。但也要注意，有些亲子间因规则而产生的冲突，其实是家长不切实际的期待造成的。了解孩子每个阶段生理与心理的发展需求，并制定适宜的规则，应该是最重要的开始。

一个社会需要规则，同样一个家庭也需要一定的规则来促进良性的循环。规则在告诉孩子哪些事情可以做，哪些事情不可以做，而合理、科学的规则也是家长价值观的一种传递。家庭是孩子接受规则教育的第一个场所，如果出现对规则教育的认知偏差，曲解了孩子个性成长与规则的关系，或是情绪化地对待孩子的行为，都可能导致孩子难以有效地遵守规则。

一、家庭教育重智轻德

规则教育也是孩子道德教育的重要内容，作为孩子的“第一任老师”，家长相应地应承担更多的责任，如遵守交通规则、不乱扔垃圾、使用文明用语等，这应在日常生活中潜移默化地给予孩子言传身教与以身作则的影响。但受到成绩导向以及不当“成功观”的负面影响，一些家长把重心落在孩子的智力开发上，学习更多知识、掌握更多才艺成为这些家长眼中更为迫切的任务，家庭生活的时间被课外辅导班所占据，家长无暇顾及孩子不当行为的纠正与规则意识的启蒙，规则教育的价值被无形忽略，家长只能寄希望于孩子后天的自我习得，这种成效显然难以得到保证。因此，当孩子难以遵守规则、出现一些不良行为的表现时，家长也应反思自己：有没有为孩子遵守规则树立了良好的榜样？有没有在规则教育方面提供了适宜的家庭氛围？

二、对儿童个性成长的误解

在公共场合有时见到一些孩子“自我放飞”：大声喊叫却不顾及周围人的感受；脚放在座椅上却显得心安理得；在公园里摘花、爬树，玩得不亦乐乎；踩到了别人却没有丝毫道歉的意识，等等。但令人不解的是，孩子的家长却置若罔闻，认为孩子的表现就应当如此，孩子的个性就不应被压制，遵守规则就是墨守成规，会阻碍孩子的个性成长。有的家长还认为家庭应给与孩子充分自由的空间，规则是给孩子带上枷锁，是不必要的约束①。

这其实是完全否定了规则教育的价值与意义，看似是“爱孩子”，实则是对孩子个性成长的误解，混淆了个性成长与规则教育的关系。个性成长需要自由的空间，更需要规则教育的边界感，缺乏规则的个性是危险的，会使得孩子的不良行为被错误地强化，也容易导致孩子在未来的社会交往中过于以自我为中心，从而变得自负、虚荣与空虚。

三、家长情绪的消极影响

在一些家庭，家长的情绪直接影响孩子对规则的理解。家长情绪好的时候，孩子犯错就容易被原谅；而家长情绪不好的时候，同样的行为则可能被批评或惩罚。由于家长对孩子确立的规则是模糊的，随机性也很强，对于以观摩模仿为主要学习方式的幼儿来说就会形成一种认知：规则不是固定的，是可以随着家长的情绪而变化的。同时，这也会造成孩子过于注重家长

---

① 郑天姣：《家庭中儿童规则教育的边界》，《宁波教育学院学报》2020年第2期，第105—107页。

的情绪变化，而忽略了规则本身。而有些孩子善于察言观色，“看着别人的脸色说话”等表现正是家长这种行为的结果。

第二节　家庭制定规则应秉持的原则

孩子遵守规则是一个循序渐进的过程，在不同的年龄阶段，家长对孩子遵守规则应有不同的强化。规则能够保护孩子的成长，所以家庭在制定规则时不应“拍脑袋”，或是经常给孩子一些混乱的、临时性的规则，而是要把孩子看作一个独立的生命体，尊重孩子，让孩子参与规则的制定，要充分考虑孩子的年龄特点，让规则具体可行；同时，规则切忌朝令夕改，一旦制定就要认真执行。

一、换位思考原则

换位思考原则体现的是对孩子的尊重。家长制定规则，无非是想通过规则减少孩子的一些欲求，让规则去约束孩子的行为。如，“不准玩手机，对眼睛不好”“不许吃糖，对牙齿不好”“老实坐那儿，别随便乱跑”，上述规则可以看出家长是用上位者的姿态去控制孩子，并没有换位思考，也没有让孩子感受到规则的制定是为了让他更好。

基于现实的考量和当下信息社会的发展，禁止孩子玩手机只是治标不治本的做法。如果“病根”在孩子心里，即使孩子与手机被强行隔离，孩子也会因为禁止而更加迷恋手机，最终的结果可能会通过见缝插针、撒谎欺骗来想方设法地去玩手机，也可能在规则的制约下克制住了自己，但在做其他事情的时候却无法集中注意力。如同我们小时候对电视的痴迷，虽然被要求在房间里写作业不准看电视，但客厅里电视的声音还是让我们心里“抓狂”而无法静下心来做作业。因此，制定规则要先理解孩子，努力读懂孩子，也只有如此，孩子才有可能执行规则。

二、亲子沟通原则

亲子沟通原则强调的是规则不是家长单方面的考虑，而是亲子之间沟通的结果。亲子沟通可以让孩子有机会说出自己的心声、自己的感受，让孩子认识到规则是与自己有关系的，孩子会从心里愿意接受、认可并执行这些规则。如，孩子一般都喜欢吃糖，在吃糖这个问题上，如果家长能够与孩子沟通，“吃之前要先征得家长的同意”“每天可以吃两颗”“吃完以后要把糖纸放进垃圾箱”，相信这种沟通的方式比起“糖不好吃”“不能吃”这样的话更容易让孩子接受，孩子遵守规则也应该是顺理成章的事情。

也有的时候，孩子吃过两颗糖之后会再次提出要求，家长仍然秉持沟通的原则，“你今天已经吃过两颗糖了，明天可以再吃”，这时家长的语气可以温和，但态度一定要坚定，这样孩子才会乐于接受。

三、可行性原则

家庭制定规则一定要考虑孩子的年龄特点，向孩子提出要求时，要做到内容具体、明确，语言通俗易懂、简练，并且不断鼓励孩子，以后循序渐进逐步提高要求。具体可行的规则孩子才能很好地遵守，如果太烦琐、抽象，孩子理解起来困难，也记不住，自然不容易遵守了。比如，“晚上要早睡觉”，对于幼儿来说，这个“早”就显得有点抽象，也不容易理解其具体的含义，而用具体明确的“晚上 8 点之前睡觉”，就比较符合孩子的形象性思维特征，可行性就比较强。

再如，“跟你说过多少次了，要注意房间卫生，你就是不听，你真把我气死了……”看似家长说的很多，但实际上并不可取，因为站在孩子的角度，特别是学龄前幼儿，他们并不理解何谓“注意卫生”“你就是不听”，也不知道怎么做才能达到家长的要求，由于这些规则不明确不具体，极易造成孩子理解的偏差，他们还是按照自己的方式来做事，遵守规则就比较困难。

四、持续性原则

规则一旦制定，就不要轻易改变，切忌朝令夕改。一些家长看到孩子的行为有改变，如妈妈在做饭的时候，孩子主动问候“妈妈，辛苦了”，这会让家长误以为制定的“关心别人”的规则起到了作用，开始在此基础上增加“尊重他人”的规则。但往往让家长焦虑的是：孩子“关心别人”的习惯并没有养成，在自己生病的时候，孩子并没有表现出关心之情，还继续缠着家长来满足自己的需求。实际上，孩子行为的改变需要一个过程，而过快改变家庭规则会导致孩子还没有把偶然的行为改变转化为一种习惯的时候，就要去适应另外一种要求，这对于孩子来说是困难的。①

规则的持续性原则还体现在家长也要长期遵守制定的规则，认真执行，否则会使孩子无所适从：怎么家长可以做，而自己就不行。而对于孩子做得好的方面，家长要及时激励，强化孩子的积极行为；对于违反家庭规则的现象，也要有必要的惩罚。这既是教育与引导孩子的过程，也是协助孩子不断适应家庭以外的世界的过程。

第三节　科学培养儿童的规则意识

规则意识是人们在日常生活、工作、学习中不可缺少的思维方式，也是构成社会主义和谐社会的核心意识。“没有规矩，不成方圆”，家长应在孩子成长的关键期逐步培养孩子的规则意识，让孩子在生活实践中充分了解规则，在引领示范中遵守规则，在不断地正向强化中获得快乐的体验，这样切身的感受就容易自然而然地内化为孩子的自觉行为规则，从而促进孩子的健康发展。

一、在“关联性”中习得规则

儿童规则的习得并不是刻意的，孩子在婴儿时期就能够学到规则，或者更适当的说法是“关联性”。即便如新生儿不知道什么是对或错，什么是令人喜爱或令人不快，但是已有能力记住父母对他的行为产生什么反应，还能从中推论并决定自己接下来的行为。如果一哭就有人陪，一闹就得到想要的东西，“如果我拒绝收拾，妈妈会来做”“如果我早上拖拖拉拉，就不必去幼儿园”，孩子就认为“可以满足我的任何需求”“我要什么就有什么”，在这种情境中，孩子学到的是如何实现自己的需求，不必考虑别人的感受。

上述孩子习得的规则有明显的缺点，也会让孩子养成一些不良的行为习惯。家长要从这种“关联性“中反思哪些是适用于儿童的规则，亦即既要满足孩子的合理需求，又要对孩子的需求设置必要的界限。“当我哭闹时，可能会得到我需要的东西；但我如果经常用哭闹的方式来表达情绪，家长就会忽略我。”“父母在家时会好好陪我做游戏、看书，但他们自己有重要的事

① 华莉、凌荷仙：《班主任工作十日谈　对话家长》，教育科学出版社2017年版，第116页。

情要做时，我只能自己玩了。”“家里几乎所有的东西我都可以探索，但有几样东西是绝不准碰的。”如果孩子学到的是这种“关联性”，那么孩子同时也会学到：“从家长那里可以得到自己所需要的一切，但不是要什么就有什么。家长会注意我的需求，但他们知道怎么做才对我更好”。

二、在理解的基础上帮助孩子了解规则

当孩子不遵守规则或是耍赖的时候，家长一般会问该怎么办，其实，先了解“为什么”才是更重要的。只有让孩子了解了规则的意义，才能对其行为产生积极的指导作用。在公共场所不能随地扔垃圾，既是对环卫工人的尊重，又能为大家的身心健康创造好的环境；人人遵守交通规则，不乱穿马路，就保证了车辆的畅通和行人的安全；别人的东西不可以拿，拿之前必须要征求别人意见，这些都是人与人之间和谐关系建立的基本规则。

当孩子没有做出符合家长期待的行为时，家长可以从孩子年龄、情境等各方面去厘清问题，是孩子本身具有行为障碍，还是幼儿认知出现问题，理解出现偏差，或是孩子纯粹属于兴奋玩闹。此时家长就要仔细观察，如果属于行为障碍，就需要矫正或治疗；如果是认知出现问题，家长就要耐心引导，用浅显的话语加上孩子生活经验中的例子循循善诱；而如果是因为玩耍兴奋，那么家长就要清楚地告诉孩子自己的要求与期待，明确地告诉孩子什么该做、什么不可以做。这样，孩子在认知上就能理解一些规则的概念，下次再有类似的情况时，家长就要提醒孩子这样是不对的。

三、引领示范逐步遵守规则

家长“讲道理”对幼儿规则意识的养成有一定作用，但还需要家长的引领与示范，配合必要的实际行为的演练才能发挥更好的作用。例如，幼儿经常乱丢玩具不爱收拾，妈妈的反应经常是：“你看你到处乱扔东西，能不能收拾好”，但对于幼儿来说，他们只会意识到“妈妈不喜欢我乱扔玩具，我要把玩具放在妈妈喜欢的地方，否则妈妈会生气”。孩子体会到的是妈妈的生气，他并没有认识到规则的意义。

如果妈妈转换思路，也许会有不同的结果。“你晚上在哪儿睡觉啊？”“在床上。”“对啊，你躺在床上睡觉舒服，这些玩具也要回到它们自己的床上睡觉才舒服！”变形金刚的床在哪里？小汽车的床在哪里？喜羊羊的床在哪

里？妈妈要带着孩子一一去收拾。这个过程不要指望一次就能解决问题，对于年龄较小的孩子，家长要有耐心，要一遍一遍地示范，带着孩子一起做，然后要逐渐放手，看着孩子做，直至孩子能够独立完成。其他规则的建立同样如此，说明标准，引领并示范，幼儿遵守规则的意识就会逐步建立。

四、正向强化促进规则意识内化

当幼儿能够比较主动地遵守某种规则时，家长仍需要给予不断强化，如通过点头、微笑或口头表扬，及时肯定孩子遵守规则的行为，或通过奖励玩具、延长游戏时间等方法，帮助幼儿树立持续遵守规则的自信心。只有把幼儿遵守规则的行为转化为孩子的自我概念时，家长的引导工作才算完成。

如前所述，当孩子已经能够收拾玩具时，妈妈就要表达出对孩子的赞许，让孩子知道他的表现是很棒的，也可以在其人前如此评价孩子："宝宝现在进步很大，自己的东西自己收拾，我们家现在很整洁，都是他的功劳。"培养幼儿的规则意识，家长要把握好幼儿期这一关键阶段，认真观察孩子的特质，尽可能亲力亲为与孩子互动，耐心去引导，更要以身作则，为幼儿的行为发展树立良好的榜样。

专题十

专注力提升

在专注状态下，人的意识“全神贯注”“专心致志”地高度集中在注意的对象上，而对其他事物则“视而不见、听而不闻，食之而不知其味”。专注力作为孩子学习品质的重要内容，对孩子一生的个性发展至关重要。而对于孩子专注力品质形成的奠基阶段，幼儿期孩子专注力的培养更要引起家长的高度重视。

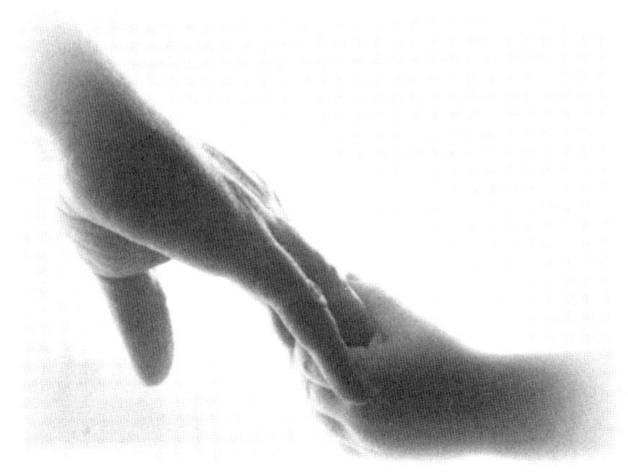

第一节　儿童专注力的构成要素

专注力属于心理学的研究内容。在生活实践中，我们经常发现有些儿童在活动中能够集中精神，不易被外界的无关因素干扰，即使受到了干扰，也能够通过自我调整或者他人的提醒继续专注于活动；而有的孩子在活动中却不能集中注意力，东张西望，左顾右盼，做一些小动作等。

一般来说，专注又叫专心，在专注状态下，人的意识“全神贯注”“专心致志”地高度集中在注意的对象上，而对其他事物则“视而不见、听而不闻，食之而不知其味”①。此时，人表现出很强的抗干扰性。《3—6岁儿童学习与发展指南》中也强调要“重视幼儿的学习品质”，指出要帮助幼儿逐步养成积极主动、认真专注等良好学习品质；忽视幼儿学习品质培养，单纯追求知识技能学习的做法是短视而有害的。

专注力作为幼儿学习品质的重要内容，对孩子一生的个性发展至关重要。而对于孩子专注力品质形成的奠基阶段，幼儿期孩子专注力的培养更要引起家长的高度重视。作为家长，只有科学理解专注力的含义，懂得如何去评估专注力，才能有效地培养孩子的专注力。专注力主要包括行为、情感、认知三个维度。②

---

① 朱智贤：《心理学大词典》，北京师范大学出版社1989年版，第984页。

② ［美］詹妮弗·弗雷德里克斯：《提高学生学习专注力的8个方法：打造深度学习课堂》，宋伟译，中国青年出版社2015年版，第32页。

一、行为专注力

行为是受思想支配而表现出来的活动，它是可以被观察、测量的，具有准确衡量的特性，是知识与技能、能力和个性等一系列内在因素共同作用的外在结果表现。[①] 专注力体现在儿童的行为上，也是可以被观察、测量的，如学习时是否坐得住；写作业是不是拖拉；在集体教学中是否注意力集中；在亲子沟通中是否认真倾听；是否能耐心拼装完成一件玩具；遇到不懂的问题时，是否能不断探索，直到解决问题为止；是否能够依照指示完成简单的家务等。

成人可以通过观察法直接观察儿童专注于活动或作品的行为来衡量行为专注力，也可以对孩子的行为进行操作性定义，列出一系列具体的、外显化的指标，从而更有针对性地评估孩子的行为专注力。但也要认识到，成人的观察主观性比较强，一些行为专注力不太好的孩子可能在情感或认知上有更高的专注力。

二、情感专注力

兴趣是孩子最好的老师。如果某项活动能给孩子带来更高的兴趣，孩子比较开心、喜欢参与其中，这就是情感专注力的体现。儿童在做他感兴趣的事情的时候，其主动性能得到充分发挥，即使是十分劳累或辛苦，孩子也能兴致勃勃，心情愉快；即使遇到了一些困难，孩子也能想办法克服，却不丧气。

我们经常看到一些孩子乐此不疲地在沙坑玩沙子，用铲子把沙子装进小桶，然后倒出来，再用铲子铲沙子装满小桶，再倒出来，一遍遍地重复着“铲—装—倒”的动作。这在成人看来可能不可思议：有什么好玩的？枯燥乏味。但孩子在这种看似“乏味”的过程中慢慢认识到容器与物体之间的关系，而且将小桶内沙子倒扣出来出现的一个个形状，也进一步增加了孩子对空间关系的认识。沙子这种“无固定形状、流动性、加水后可以任意造型、直观感受性强”等特点，正好符合儿童的好奇心和探索的欲望，可以让孩子天

---

① 转引自刘景方：《网上创新外包环境下研发人员胜任力研究》，上海交通大学出版社 2016 年版，第 35 页。

马行空地按照自己的想法来玩。因此，培养孩子的专注力，尊重孩子本身的兴趣，应是家长关注的要点。

三、认知专注力

在一些幼儿园或小学，很多老师专注于组织有趣而又好玩的游戏活动、课堂活动，却忽略了认知维度。如上所述，基于孩子的兴趣，吸引他们的注意力非常重要，但是想当然地认为只要孩子玩得开心就一定能实现深度学习也是有失偏颇的。此处的“深度学习”是指实施课程的过程，并不是一个具有预设内容或主题的课程，而是教师在对儿童在游戏和互动中所反映的经验、兴趣和想法的不断观察与分析判断的基础上做出教学计划和实施，继而又以观察、分析判断为基础做出下一步的计划和实施，这样一个循环往复、螺旋式的，与儿童所反映的经验、问题、兴趣和认知相呼应的教学过程。[①]

可以看出，教师最初激发积极性的一些任务通常只是“诱饵”，并不能长久吸引孩子的兴趣，即使孩子的积极性能够保持，也无法保证这种积极性能转变为深度学习。如果课程内容能够紧扣班级儿童和教师的生活经验与问题，孩子乐于接受挑战，就会在课后额外花时间练习，并努力做好每一个环节，这正是认知专注力所表现的主要内容。

第二节　儿童专注力缺乏的原因分析

幼儿阶段是培养孩子专注力的基础阶段，但孩子专注力缺乏的现象往往具有滞后性，一般到小学阶段表现得很是明显。家有小学生的家长，经常为孩子学习坐不住、写作业拖拖拉拉、做事情注意力不集中而情绪失控、心生焦虑。

专注力是孩子成功的基础，即使孩子智商再高，如果缺乏专注力，兴趣不高，不敢面对挑战，在一定程度上也会导致孩子无法在学习的过程中找到乐趣，容易自暴自弃。专注力差的孩子，容易被一些小事干扰，很难约束自己，自律性也偏弱，长大后适应社会和集体生活需要更大的挑战，极易出现

---

① ［美］丹尼尔·沙因费尔德、［美］凯伦·黑格、［美］桑德拉·沙因费尔德：《我们都是探索者：在城市环境中运用瑞吉欧原则开展教学》，屠筱青、戴俊毅译，南京师范大学出版社 2014 年版，第 8 页。

心理问题。影响儿童专注力的因素很多,此处主要论述家长的行为对孩子专注力的影响。

一、家庭教育环境的影响

家长对孩子过于宠溺,会造成孩子专注力出现问题。家长包办代替一切,孩子就失去了动手锻炼的机会,而这些动手锻炼是帮助孩子发展他们的感觉统合能力,促进大脑神经系统发育的重要途径。所谓感觉统合,其实就是人类大脑的协调功能,也就是感觉器官和感觉通道是否能够有效地协调运作的能力。

众所周知,孩子出生之后就有吮吸反射,也可以说孩子天生就会吃饭,但这并不意味着妈妈喂奶就一定要对准孩子的嘴,孩子才能吃得上。妈妈有意无意地用奶嘴或乳头碰碰孩子的嘴角或者脸颊,都会刺激孩子依据触觉定位和寻找食物的方向。同理,当孩子长大后可以用勺子吃饭的时候,家长也没有必要直接喂孩子吃饭,只要把勺子送到离孩子嘴比较近的地方,孩子就会产生"看见饭—伸嘴够饭—够不着后用手抓勺—送饭到嘴里"的一系列反应。这个反应就是一个眼、脑、手、嘴的协调过程,是孩子最初的感觉统合能力发展。①

而如果孩子日常生活中被包办代替过多,类似的感觉统合锻炼就会相应缺乏,这会导致孩子接受信息并做出反应的过程迟钝,这样孩子的专注力就会不够。

二、家长教育态度的影响

家长的教育态度是指家长对家庭教育的认知、情感和行为上的心理反应倾向,是家长家庭教育行为的心理准备状态,是家长进行家庭教育工作的内部动力,它对家长家庭教育工作的积极性及教育智慧的发挥具有直接的影响。一般来说,家长的教育态度主要从对孩子学习的重视度、实际行动和对孩子未来教育水平的期望等几个方面反映。

家长对孩子的教育态度不同,孩子的性格也会差别较大。如果家长对孩子的期望过高,总是给孩子很多的否定,这个不满意,那个不中意,或是对

① 晏红:《中国儿童情绪管理》(第二版),中国妇女出版社 2016 年版,第 237 页。

孩子很专制，也就无法激起孩子的内在愿望"我要把这件事做好，我能够控制自己的行为，我要坚持自己的目标等"。受这种教育态度的影响，孩子容易情绪不稳定、胆怯、懦弱，缺乏自信，意志力也无法得到锻炼。研究证明，"提高专注力就是把不需要关注的东西排除出去，而且大脑努力要把瞬间的想法或者观察结果留住，这要求一个人具有坚强的意志力"[①]。

三、家长教育方式的影响

随着电子产品的日渐普及，亲子关系、家长陪伴、家长的教育方式也在发生变化，这些变化对孩子的专注力也产生了较大的影响。新时代背景下家长的教育方式主要有如下特点：一是家长对孩子缺乏沟通和理解，对孩子的思维、情感缺乏关怀，常见的就是以"电子保姆"代替家长行使责任，留守儿童现象让亲子之间的关系出现疏离。"电子保姆"虽然在一定程度上解放了家长，看似让孩子"与时俱进"，但除了能让家长轻松一点，对孩子来说可谓是百害而无一利的。二是家长对孩子过于包办代替，对孩子"无微不至"的关心，造成"过分干涉"和"过度保护"。

神经科学研究发现[②]，电子产品会让使用者大脑中负责处理冒险和奖赏的区域比一般人大，但是处理情感和冲动的大脑区域活性则比一般人要低，而且大脑的神经递质多巴胺较多，这种物质与成瘾有关。相比于成年人，孩子的自制力更差，使用电子产品更容易上瘾。而当孩子沉浸在搭积木、玩配对、安静画画等需要注意力集中的活动时，家长不时地嘘寒问暖、送食物、送水等"关心"都会分散孩子的专注力。因此，家长应该认识到，提升孩子专注力必须全面改善教育方式。

第三节　培养儿童专注力的策略

在儿童专注力的培养中，家长扮演着最重要的角色，他们往往对孩子的气质、性格和日常行为习惯都比较熟悉，采取的教育方法也能更有针对性。但在实践中，家长还存在一些误区，对幼儿知识的获得比较重视，而对于幼

---

① [美]弗兰科·哈德克：《意志的力量》，杜梦臻译，河北人民出版社2014年版，第151页。

② 熊敏：《爱，从了解开始》，民主与建设出版社2016年版，第80页。

儿专注力等非智力性因素关注较少。因此，家长应转变观念，积极创设良好的家庭环境，培养幼儿良好的生活习惯，通过游戏、日常生活等细节引导孩子不断提升专注品质。

一、创设良好的家庭环境

孩子专注力的培养是一个长期渐进的过程，特别需要家长创设良好的家庭环境，从而避免孩子的注意力分散。因此，在孩子专注于某件事时，家长要给予孩子自由活动的时间和空间，尽可能排除一切无关的干扰，控制电视、电脑、手机的声音及户外的噪音，尽量不要干预孩子，除非他们确实需要帮助或是活动有潜在的危险因素。

家长过多的干预在一定程度上会影响孩子专注力的发展。比如，孩子在搭积木、玩配对或正在练习写字时，家长频繁进入房间嘘寒问暖，或是在一旁不断指点、唠叨，都是分散孩子注意力的因素。即使出现一些问题，家长也应允许孩子有犯错的机会，可以等孩子结束活动后再进行沟通或指导。

二、在游戏中培养兴趣爱好

学前期的幼儿主要以无意注意为主，容易受到无关刺激的影响，所以需要家长通过游戏活动来调动孩子的无意注意。而在游戏中调动孩子无意注意的最好方法，便是根据孩子的年龄和气质特点增加游戏环境和材料的吸引力，着眼于孩子的兴趣爱好，不断提高孩子对事物探索及操作的好奇心与主动性。

有些家长给孩子买的玩具大多是“成品”材料，经过最初的好奇后，孩子对这些材料的兴趣会慢慢减退。成品材料不符合活动材料的经济性原则，也不具有高度的探究性，所以游戏材料的结构会影响孩子的专注力和坚持性程度。因此，家长应为孩子提供不同的活动材料，合理搭配，让活动材料真正发挥作用，从而激发孩子的兴趣与好奇，帮助孩子提升坚持性和专注品质。孩子对事物的兴趣越浓厚，越能够集中注意力，并会不断坚持下去。

三、进行适度的锻炼

专注力的发展是可以通过后天适度的训练得以提升的，家长可以有意识地带领孩子进行视觉、听觉、触觉等感官的训练，培养孩子的专注品质，教会孩子学会排除自己的内心杂念和外界干扰，帮助孩子养成自觉完成任务的习惯。为此，家长可以让孩子多做一些指示清晰及要求明确的事，所做的事必须符合孩子的能力。有了清晰的目标和方向指引，幼儿更容易集中精力投身其中。如，要求2岁左右的孩子“把房间弄干净”，这就是不清晰的指示，因为这个阶段的孩子还处于具体形象思维阶段，他们根本不知道干什么、如何干，这样的指示已超出孩子的理解能力范围，孩子又如何能集中注意力呢？

家长应该一次指示一个明确清晰的动作，如“宝贝，请把地上的玩具捡起来，放到玩具箱里面”“请把你的布娃娃放到床上”“现在把所有的彩笔放到白色的笔筒内”。一旦孩子完成任务，家长不要吝啬对孩子的激励，一个温暖的拥抱、一个欣赏的笑容都是对孩子行为的正强化。如此一来，不仅会增强幼儿的成就感，还会提升幼儿在活动中的参与性，长期坚持下去他们的专注力会有所增强。

四、养成有规律的生活习惯

每一个人都有属于自己的“生物钟”，“生物钟”是生物体生命活动的内在规律，调节着人体各项功能的正常运转。良好的有规律的生活习惯，能够提高人的工作效率和学习成绩，减轻疲劳，预防各种疾病的发生。反之，如果生活不规律，人的身体就会疲惫不适，精神也会萎靡不振，自然专注力也会下降。因此，帮助孩子养成有规律的生活习惯，让孩子有足够的睡眠，在起居饮食、体育锻炼、游戏等方面有固定的时间，在生活与学习中能够心情愉快，身心放松。这既是对孩子的期望，更是对家长的要求。有规律的生活应该有张有弛，在紧张辛苦工作之余，家长要留出一定的时间来放松身心，释放压力。也正是家长的言传身教、生活实践经验的耳濡目染，孩子有规律的生活习惯也才有可能。

专题十一

习惯养成

人类是一种习惯性的动物，当一种习惯渐渐稳固，成为人个性的一部分，它就会不知不觉控制着人的思想，指挥着人的行为，影响着人在生活中的每个细节。家庭教育是一门艺术，培养孩子良好的习惯也需要家长研究孩子，加强学习，避免过于简单、生硬、粗暴的方法，要基于孩子的身心发展特点，以身作则，加强家园(校)共育，为孩子良好习惯的养成做好示范与榜样。

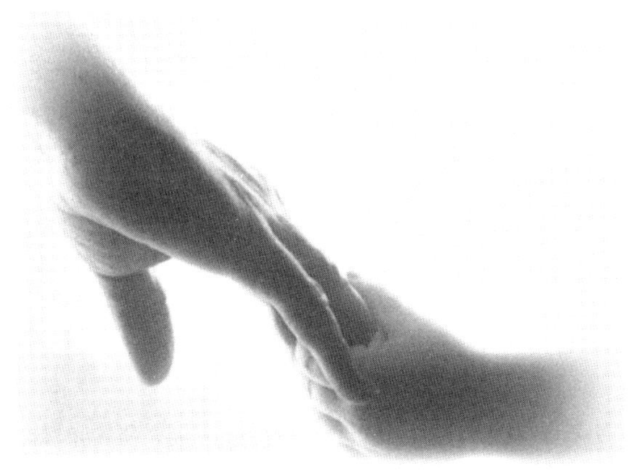

第一节　儿童常见的良好习惯

习惯，其基本含义是由于重复或多次练习而巩固下来并变成需要的行动方式。人类是一种习惯性的动物，所谓习惯成自然，当一种习惯渐渐稳固，成为人个性的一部分，它就会不知不觉控制着人的思想，指挥着人的行为，影响着人在生活中的每个细节。日常生活中，每个人都会表现出不同的习惯，如生活习惯、学习习惯、行为习惯、思维习惯等。依据习惯对于人的价值和作用，可以将习惯分为良好的习惯和不良习惯。① 前者如讲究卫生、早睡早起、不迟到不早退等，这类习惯对人的生活、学习和工作能起到积极的作用，适应了人的正常需要，且对人具有正向的价值。后者如乱发脾气、吃饭挑食、不讲究卫生等，这类习惯对于人的身体健康无益，还会影响到别人。

由于孩子的生活基本围绕着学习展开，因此家长更看重孩子学习习惯的培养，而对于生活习惯、阅读习惯以及隐性的思维习惯可能就忽视了。其实，各类习惯是相互影响、相辅相成的，没有好的生活习惯作为基础，好的学习习惯也无从谈起。而那些蕴藏在生活中不易察觉的思维习惯，对孩子的生活和学习有更为深刻而长远的影响。

一个人的成功，往往取决于他良好的习惯，这已经成为整个社会的共识。1978 年，75 位诺贝尔奖获得者在巴黎聚会。会上，有位记者问其中一位："在您的一生里，您认为最重要的东西是在哪所大学、哪所实验室里学到

① 任南：《人生三控：调控好心态，掌控好性格，操控好习惯》，吉林出版集团有限责任公司 2014 年版，第 201 页。

的?”这位白发苍苍的诺贝尔奖得主平静地回答:“不是在大学,也不是在实验室,而是在幼儿园。”诺贝尔奖得主继续答道:“在幼儿园里,我学会了很多很多。比如,把自己的东西分一半给小伙伴们;不是自己的东西不要拿;东西要放整齐;饭前要洗手;午饭后要休息;做了错事要表示歉意;答应小朋友或别人的事要做到;学习要多思考,要仔细观察大自然。”[①]可以看出,良好习惯对人一生的发展至关重要。

一、良好的生活习惯

良好的生活习惯是指一系列日常活动中确保个人身体的舒适、清洁与整齐的有规律的行为。[②] 具体包括如下内容:① 清洁卫生习惯。早晚洗脸、刷牙,饭前便后洗手,勤换衣服、勤洗澡,定期剪指甲等。② 饮食习惯。饮食定时、定量,不挑食,不吃零食,饭前不乱吃糕点糖果,不边吃边玩。③ 睡眠习惯。定时睡眠,睡前1小时不饮食,睡前排尿,睡时不用被子蒙头。④ 如厕习惯。独立如厕,便后冲水和洗手等。上述良好的生活习惯可以较好地保障孩子的身心健康,不断提高孩子的生存、生活能力。

二、良好的学习习惯

学习习惯是习惯的重要组成部分,一般是在学习过程中形成和巩固,并转化为需要的自动化行为方式。[③] 学习兴趣是学习习惯的基础,孩子容易对外界产生好奇心和兴趣,具有对外界敏感和探索、研究等内在能力,而且外界环境和刺激也能使孩子的智力快速发展,因此,学习习惯的培养应从激发孩子的求知欲和兴趣开始。

到了小学阶段,孩子第一次接受系统的学校教育,学习习惯的培养更是受到家长的普遍重视。良好的学习习惯更多是学习过程中的基本行为规范,如认真听讲、敢于提问、书写认真、独立完成作业,善于思考、自主学习,上课注意力集中,有较好的坚持性,有正确的阅读、握笔姿势等。此外,家长还需要培养孩子的一些拓展性学习习惯,是指为了适应拓展性、探究性学习

---

① 李辉:《学前儿童社会教育》,东南大学出版社2016年版,第3—4页。

② 刘晶波等:《幼儿园社会领域教育精要:关键经验与活动指导》,教育科学出版社2015年版,第76页。

③ 教育大辞典编纂委员会:《教育大辞典》(第2卷),上海教育出版社1990年版,第160页。

而需要具备的学习习惯，如合作学习、查阅资料等。①

三、良好的行为习惯

无论是在公共场合，还是在家庭生活中，都有些所谓“熊孩子”的表现往往让人大跌眼镜：缺乏必要的礼貌、大声喧哗、不爱惜公共财物、不爱护公共卫生等。也许，这些孩子不缺乏知识，但“道德意识”和“行为规范”的缺失与家庭教育的欠缺有很大关系。孩子行为习惯的好坏直接影响孩子未来的发展，包括生活质量的提升、学习成绩的高低。

良好的行为习惯亦即规范性行为习惯，是指那些符合社会规范的行为习惯。在孩子牙牙学语的时候，家长就会引导孩子学习一些基本的礼仪常规：对人有礼貌，要学会问好；别人帮助你，要说声“谢谢”；不小心打扰别人，要说声“对不起”；不乱扔垃圾；坐有坐相，站有站相；等等。等孩子进入小学、中学，他们还要学习小学生守则、中学生守则。行为习惯的养成虽不是教育的全部，但在教育中却占有极其重要的地位，是基础教育的“基础”。正如培根所言：“习惯是一种顽强的力量，可以主宰一生。”②

四、良好的思维习惯

在生活中，有些家长对孩子的事情安排得妥善周到，从来不让孩子独立去考虑“做这些事情有哪些好处，为什么要做这些事情，还有没有其他更好的办法”。这些家长看似爱孩子，其实是在扼杀孩子的思考能力。家长这种忽视思维习惯的做法，一方面会影响孩子思维的敏捷性与独创性，另一方面也会造成孩子思维呆板、爱钻牛角尖，这对孩子成长的影响是很大的。正如爱因斯坦所言：“学会独立思考和独立判断比获得知识更重要。不下决心培养思考习惯的人，便失去了生活的最大乐趣。”③

思考好比播种，播种愈勤，收获也愈丰，一个善于独立思考的孩子，才能有较强的好奇心，他们的脑海中有很多的问题，也会产生很多的疑惑，孩子的“十万个为什么”才能不断在亲子之间“上演”。拥有良好思维习惯的孩子，能抓住事物的主要方面，透过现象抓住本质，思路敏捷、不固执，有较强

---

① 边玉芳：《让孩子爱上学习》，江西教育出版社2018年版，第122页。

② 转引自赵娟、唐雅妮：《陈鹤琴教育思想三十解》，山西人民出版社2018年版，第73页。

③ 转引自肖光畔：《问题孩子》，大众文艺出版社2005年版，第123页。

的学习热情，在遇到疑难问题时，能独立或在家长的指导下查阅工具书、网络等寻找答案、解决问题。

第二节　不良习惯形成的原因

孩子不良习惯形成的原因是多方面的，除了不可掌控的遗传因素以外，既受到家长自身素质、家庭教育观念、教养方式、家庭人际交往、家庭结构等因素的影响，也与同伴影响、社会环境密切相关。特别对于学龄前的幼儿来说，家庭因素的影响尤为重要。

一、对家长不良行为的模仿

习惯源自于模仿，模仿也是幼儿学习的主要方式之一。成人的一言一行、一举一动都可能被孩子所模仿，进而促使孩子一些不良习惯的养成。如有些家长在日常生活中说话粗鲁、不尊重别人，孩子就可能学会在人际交往中说脏话、不礼貌，变得惹人厌烦。有些家长在家庭生活、亲子互动中脾气暴躁、不友善、喜欢体罚，孩子对家长的这种行为，会从一开始的恐惧逐渐地变为接受，他们也会慢慢形成暴躁的脾气，动不动就发火，甚至攻击别人。这类孩子在学校里经常因为情绪的问题惹是生非，其根本原因就是家长的影响所致。

特别是一些社会公德问题，如果家长不能做到言行一致，在家鼓励孩子要尊老爱幼、学会分享、友善待人、爱惜公共财物等，但在公共场合，家长却“稳坐‘爱心座椅’不为所动”“插队购物心安理得”“践踏草坪旁若无人”，或是“垃圾乱丢家常便饭”，这都会潜移默化地被孩子所模仿，孩子不良习惯的养成也就不难理解了。

二、家长的溺爱与纵容

家长是孩子的第一任老师，要帮助孩子扣好人生第一粒扣子，第一粒扣子扣得对错决定人生成败。幼儿能不能养成良好的生活习惯、学习习惯、思维习惯，很大程度上取决于家庭教育传递出的价值观。当孩子第一次做了错事，家长一定要明确地表明自己的态度，并予以制止，同时在日常生活中有针对性地进行引导。

当下社会，许多家庭物质条件“水涨船高”，“独生子女现象”特有的文化等影响因素，致使有些家长对孩子过度溺爱和纵容，对孩子偶尔发生的一些不良行为，往往采取不闻不问的沉默态度，或是感觉“孩子还小，一笑置之”，这都是导致孩子不良习惯的诱因。因为无论是沉默，还是“一笑置之”，都是一种变相的纵容，也是一种心理暗示，它会让孩子觉得这样做没什么不可以，于是放手去做，或是变本加厉，最后终成恶习。这也是习惯的重复法则。重复的力量是巨大的，不良的习惯一旦养成，再想纠偏则难上加难。

三、家庭关系的紧张或恶化

家是一个由家庭成员和家庭关系组成的生命体，而夫妻关系是家庭关系的核心，是让幸福在整个家庭中流动起来的最重要的动脉。夫妻和睦、恩爱对孩子的健康成长至关重要。研究表明：家庭气氛和睦，常有笑声的家庭中的孩子，智商比不和睦家庭的孩子要高。[①] 特别对婴幼儿来说，其稚嫩的心灵更需要安全感、和谐的家庭氛围、父母的倾心呵护。

假如孩子经常置身于父母冲突的环境中，情绪苦闷、低落，极易产生心理障碍，进而影响性格、心理素质等。夫妻关系紧张还会影响孩子对待他人的态度，在这种环境下长大的孩子会感到周围充满敌意，进而会误认为社会本就如此，不愿意乃至害怕与外人接触，也就难以产生对亲人的诚挚情感和对他人的友善、信任。所以，若夫妻关系紧张或恶化，孩子的成长过程就会伴随着一种压抑感，最终会以某种不健康的方式宣泄出来，这也是孩子不良习惯形成的原因之一。

第三节　培养儿童良好习惯的策略

家庭教育是一门艺术，而不是技术。培养孩子良好的习惯也需要家长研究孩子，加强学习，避免过于简单、生硬、粗暴的方法，而要基于孩子的身心发展特点，以身作则，加强家园（校）共育，为孩子良好习惯的养成做好示范与榜样。

---

① 北京师范大学家庭教育课题组：《1岁孩子　1岁父母》，现代教育出版社2017年版，第166页。

一、深化对习惯的认知与理解

培养孩子良好的习惯，家长要对习惯的内涵、培养习惯的方法、习惯养成的逻辑层次有基本的认识与理解。习惯有好坏之分，良好的习惯是符合社会规范的行为规范，而所谓符合社会规范，是指习惯要遵守社会的习俗、法制和道德伦理，应该是合法、合情、合理、合德的，要以社会主义核心价值观为指引。此外，家长还要认识到，习惯的养成是一项艰苦细致的工作，没有一种放之四海而皆准的方法，无论是训练法、明理法、示范法，还是陶冶法、积极评价法、强制约束法，都只是在孩子的某个年龄段、某个时期能够发挥一定的作用。

没有最好的方法，只有最有效的方法，因此，家长必须用心，根据孩子的个性特点、身心发展水平、特殊需求等创造性地综合使用不同的方法。同时，家长还要对习惯的逻辑层次有一个清晰的认识。习惯的养成具有一定的规律性，一般分为七个阶段：模仿阶段、依从阶段、遵从阶段、服从阶段、自控阶段、习惯阶段与乐为阶段。[①] 可以看出，良好习惯的养成不是一蹴而就的，而是一个反反复复的认知、训练、学习、不断体悟和提高的过程。

二、有意识的科学训练

习惯不是说出来的，而是练出来的。我们看到一些孩子在吃饭、穿衣、睡觉、学习、同伴交往、阅读等方面都有良好的行为表现；反之，也有些孩子缺乏独立性，过于依赖别人，做事半途而废。有良好习惯的孩子，其背后多与家长的有意识的科学训练分不开。

“有意识”是指家长能够认识到家庭教育的本质，对自己的行为、行为的结果以及将要承担的教育责任，都有清醒的认知。“科学训练”是相对于“非科学训练”而言的。非科学训练包括反科学训练和伪科学训练，前者指的是虽运用正常教育手段，但违背儿童的身心发展规律，达不到训练的效果，甚至给孩子造成身心伤害；后者往往是无意识进行的，更多产生于偏见或错误的经验，虽在短期内取得一定的效果，但给孩子造成的心理问题、终身发展的问题是比较严重的。

---

① 周亚杰：《解题决策：初中思想品德》，东北师范大学出版社 2008 年版，第 163 页。

习惯的科学训练要反复，更要严格，要体现出“近、小、实”的特点。[①]“近”就是要贴近儿童的生活，“小”即培养目标要具体，而“实”则是要有实效，亦即要注意观察，加强信息反馈与亲子交流，及时对孩子的行为做出评估，为下一步的教养计划提供依据。

三、以身作则，与孩子共同成长

有些孩子的习惯不好，也不知道什么是应该遵守的良好习惯，这不是他们天生就愿意表现出不良的行为，是因为他们不懂，不知道什么行为应该坚持，什么行为必须改正。孩子出了问题，首先是家长的责任。培养孩子的良好习惯，最重要的是解决家长自己的问题，教育者要首先接受教育。

家长在教育孩子的过程中，要以身作则，时刻注意自己的一言一行，加强学习，与孩子共同成长。希望孩子养成良好的生活习惯，家长就要注意讲卫生，经常洗手、刷牙，不挑食，不熬夜，不乱发脾气，自己的事情独立完成等；要让孩子爱学习，家长就要尊重知识、尊重文化、尊重教师，要经常读书、看报，和孩子进行亲子共读，或在家庭环境布置上做个“有心人”，营造和谐、温馨、舒适的氛围，这都有助于增强孩子的学习兴趣；而期待孩子有礼貌、遵守公德，家长就要待人和气、友善、包容，不随地吐痰，不插队，不在公共场合大声喧哗。以身作则，亦即家长希望孩子做到的，自己也要努力做到，那些只“言教”不“身教”，或是言行不一的家长，其教育效果很难有保障。

孩子良好习惯的培养，家长的作用至关重要。特别是学龄前的孩子，其模仿能力特别强，如果家长表面一套、背后一套，言教与身教脱节，就会影响到孩子良好习惯的培养。如有的家长要孩子勤奋学习、不怕困难，自己却贪图享受、不能吃苦；教育孩子要“粒粒皆辛苦”，自己却随手扔掉不合自己口味的食物；苦口婆心给孩子讲解“孔融让梨”，自己却不能尊老爱幼，在地铁上抢占座位；指导孩子要遵守交通规则，却带着孩子逆行或闯红灯……可以说，只有家长养成良好的习惯，孩子的习惯养成教育才有效果。有言行一致的家长，才会有言行一致的孩子。

言行一致是一种境界，也是一种精神。这里的言行一致是家庭教育的

---

① 常常：《培养良好习惯，是家庭教育的首要任务：关鸿羽教授访谈录》，《幼儿教育》（父母孩子）2009年第11期，第4—5页。

原则，是一种指引家长、促进孩子健康成长的力量。同时，言行一致还体现为家庭成员在教育理念、对孩子的要求、所采用的教育手段、示范引领等方面基本一致。如果家庭成员间彼此不能达成共识，一方严格要求、一方溺爱纵容，一方说服教育、一方“不打不成器”，这样的教育会造成孩子价值观、人生观的混乱，使孩子变得迷惑、困扰、无所适从，也就很难培养孩子良好的习惯。

专题十二

教育焦虑

新时代的家长，一方面对孩子期望值很高，另一方面在行为方式上有完美主义倾向。从内心来说，这跟他的精神匮乏、不安全感、各种精神与肉体的饥饿以及负面情绪有关，由此在对待孩子、对待孩子的成长上呈现出这些问题。每一位家长都希望孩子成功，但家长的教育焦虑很可能会成为孩子健康成长最大的绊脚石。

第一节　教育焦虑的时代特点

"焦虑"本是心理学中一种常见的心理现象，指的是对即将来临的、可能会出现的危险感威胁所产生的紧张、不安、忧虑等不愉快的复杂情绪状态，是一种对恐惧的恐惧，对担忧的担忧。① 教育焦虑，是当下社会的一个时代病，也可以说，教育焦虑是这个时代的某种"设计"。时代发展的日新月异，社会竞争的残酷激烈，都让家长们越来越焦虑。

在信息相对闭塞的时代，经济发展慢，社会竞争相对也小，学校不排名，也没有那么多的辅导班，家长的心态也比较平缓。特别是学历与人们的收入、社会地位的联系也不如现在如此紧密。而随着信息社会的发展，特别是微信朋友圈、微博、公众号推送等新科技的普及，许多家长对子女教育的焦虑反而以一种群体性焦虑在社会上广泛蔓延：谁家的孩子补课了，谁家的孩子钢琴晋级了，谁家的孩子参加朗诵比赛获奖了，谁家买学区房了，谁家的孩子刚刚 5 岁就能背诵唐诗三百首了……各种分享信息导致很多家长无法淡定，唯恐落人身后，被迫卷入竞争与各种攀比，从而产生恶性循环与教育焦虑。

教育焦虑在我国有漫长的酝酿期，教育焦虑也让家长陷入了一种"囚徒困境"式的恶性循环：人人都在拼命给孩子报辅导班，孩子小小年纪就背上了与年龄不相称的大书包，你家孩子报 3 个辅导班，我家孩子就报 4 个辅导班……家长恨不得把孩子的 24 小时都塞得满满的，担心输在所谓的"起跑

① 黄希庭：《简明心理学辞典》，安徽人民出版社 2004 年版，第 173 页。

线”上。

新时代的家长，一方面对孩子期望值很高，另一方面在行为方式上有完美主义倾向。从内心来说，这跟他的精神匮乏、不安全感、各种精神与肉体的饥饿以负面情绪有关，由此在对待孩子、对待孩子的成长方面呈现出这些问题。[①] 每一位家长都希望孩子成功，但家长的教育焦虑很可能会成为孩子健康成长最大的绊脚石。

家长的教育焦虑是和社会现实息息相关的。众所周知，学前教育是新时期我国教育发展最快的一个部分，也是当前我国教育最大的短板之一：学前教育资源依然不足，“入好园”问题尚未解决；教师数量缺口较大，合格师资严重匮乏；托育服务供给不足，托育质量亟须提升。伴随着这些“教育痛点”，再加上网络媒体的推波助澜，都使教育焦虑情绪在家长中间蔓延，也让教育焦虑打上了时代烙印。

一、孩子是家长教育焦虑的主要原因

几乎从孩子刚出生开始，一些家长就患上了“教育焦虑症”，特别是受到“不要让孩子输在起跑线上”“再苦不能苦孩子，再穷不能穷教育”等观念和我国社会竞争现状的支配，这些家长使出浑身解数，请专业的月嫂、住豪华月子中心、提前报早教班、为孩子进行各种歌舞才艺等技能的教育，其目的只有一个：想让自己的孩子从众多孩子中脱颖而出、“鹤立鸡群”，从而在未来的竞争中更有优势。

可以说，孩子成了一些家长焦虑的源泉，有些焦虑还可以理解，如焦虑孩子的智力发育，焦虑孩子的身心健康，焦虑孩子能不能入好园、入好的班级、接受优质的教育；更有一些家长的焦虑让人感觉不可思议：在幼儿园午睡，是睡在门口还是睡在过道；孩子举手回答问题，会不会受到教师的忽略；带 5 岁的儿子提前感受考研的氛围，自认为对孩子的成长有帮助。每位家长都希望自己的孩子是那个站在金字塔顶端的人，能成为别人仰望的人，但如果过度焦虑，对孩子不合理期望，最后有可能物极必反，伤害到孩子的一生。

---

① 张文质：《教育的勇气：张文质和青年教师的谈话》，长江文艺出版社 2018 年版，第 179 页。

二、教育焦虑的程度随孩子的成长不断发生改变

焦点理论本是由光学焦点引申到语言学领域的理论，它更强调主体在沟通交流或其他语言表达中所要传递的强调信息。按照焦点理论，在孩子成长的不同时期，家长对孩子的关注焦点会不断发生改变。学龄前期，多数家长可能更关注孩子的生活习惯、身体状况；而受到幼小衔接的影响，引发家长焦虑的更多是“孩子只会写自己名字，没学过识字和汉语拼音怎么办”“小学没有保育员，孩子能自己解决吃喝拉撒的问题吗”“小学以学科课程的学习为主，一节课长达40分钟，孩子可能难以保持注意力”“孩子跟不上进度怎么办”。而一旦进入小学，引发家长较大范围的焦虑就是孩子的学习问题了，特别是写作业拖沓、马虎，学习缺少目标和计划，学习态度不端正等又成为家长关注的焦点问题。

当下随着新科技的发展，互联网在线教育技术日趋成熟，先进的国际教育理念在国内的普及率也越来越高，然而家长们在孩子教育上的焦虑却有增无减。智课教育家长成长研究院2018年发布的《中国家长教育焦虑指数调查报告》显示，手机上瘾已成为家长教育焦虑指数上升的焦点话题，其中，不同学历的家长对此问题的焦虑程度各不相同，学历越高，其焦虑程度相对越小。

三、教育焦虑常伴随着对事件的认知逻辑错误

家长的教育焦虑容易出现两类认知逻辑错误：一是过高地估计负性事件出现的可能性，尤其是与自己孩子有关的事件。比如看到一些关于幼儿园安全事故或幼儿伤害事件，会担心自己的孩子是不是也会受到伤害，孩子有没有受到虐待。二是过分灾难性地想象事件的结果。有时看到孩子没有得到老师的表扬，或是在生活中受到了挫折，就担心孩子会不会心里有阴影，会不会受到刺激，是不是会成为孩子未来健康成长的隐患，等等。

家长的教育焦虑会传染给孩子，如果孩子在成长的过程中没有得到适当的修复，那么，他为人父母后，仍会把焦虑的情绪带给他的后代，焦虑的“家族遗传史”也会应运而生。另外，家长的认知逻辑错误也会影响其在亲子沟通中的言谈举止、言传身教，如果家长认识不到生活中的挫折对孩子成长的教育契机，或是对孩子全方位地照顾，做一个“直升机父母”，就会养成

孩子依赖、缺乏独立意识等性格特点。这确实值得每一位家长深刻反思。

第二节　教育焦虑的成因解析

家长教育焦虑产生的原因是复杂的，既有时代背景、社会环境的影响，也有内在的教育观念、对孩子不合理期望所带来的消极反馈。

一、传统教育思想的根深蒂固

中国传统教育思想经过百年的激荡和变迁、批判和洗礼并未消除殆尽，并且以经典的传统形式或新的形式重新体现在现代的教育思想、教育制度、教育内容和教育方法等诸多层面，它们之中既有“因材施教”“教学相长”“温故而知新”“不耻下问”等脍炙人口的精华，也有“学而优则仕”“考试至上”“死记硬背”等虽遭到现代社会制度的淘汰却仍死灰复燃的糟粕。[①] 尽管多元智能理论的思想对于很多家长来说并不陌生，但重视孩子的学业、忽视其他潜能的开发仍是当前社会的一个“死结”。

社会残酷竞争的现实，让家长们认识到要获得较高的社会地位，必须要有一份体面的工作，而要获得一份体面的工作，其前提就要上一个好的大学，按照这种逻辑层层前推，孩子要取得好成绩，就要上好学校，从一开始就不能输在“起跑线”上。这种“起跑线”情结也让很多家长为了孩子上一个好的幼儿园不遗余力，为了一个学区房而倾其所有，为了让孩子能出人头地而不惜剥夺了孩子的童年，给孩子提前戴上“枷锁”。这种对孩子人生过早的谋划，不但对孩子的健康成长无益，反倒催生了家长的教育焦虑。

二、社会环境影响下的盲目攀比

无论我们是乐意还是不情愿，互联网、信息化都让人们处于各种信息、媒体的“狂轰滥炸”之下。社会上各种教育培训机构的商业宣传给家长的心理暗示，“一夜成名”“网红”“直播经济”更是让部分家长的人才观、成功观发生了变化，而一些家长群、班级群、公众号等便捷平台的设立，也让家长的盲目攀比有了发展的空间。一些家长在教育孩子方面逐渐失去了应有的理

① 谷小燕：《世界教育蓝图与中国教育发展研究》，山西教育出版社 2018 年版，第 139 页。

性：上幼儿园就要上最好的；最好的学校就要配最好的老师；别人家孩子会的，我家孩子也要会；辅导班总要比别人家的孩子多一个；孩子只要成绩好，其他都可以暂时忽略。

在这种思想的驱动下，有的家长在群内晒娃求关注，也有的家长经常发布一些不经验证的消息，这在家长群体中极易产生传染性，从而形成羊群效应，导致整个群体陷入焦虑与恐惧。跟风与盲目攀比的心态会迫使家长让孩子学习其不喜欢的东西，也会使家长无视孩子的身心发展特点、心理健康与精神方面的需求，这可能会产生与家长愿望适得其反的结果。

三、家长对孩子的不合理期望

几乎所有的家长都希望把最好的、最优质的资源给孩子，也愿意在孩子成长的过程中奉献出自己的一切。家长们希望孩子在竞争中总是那个脱颖而出的人，总是那个始终在前面“领跑”的人，他们对孩子寄予很高的期望，认为孩子是自己的另一种可能。托尔曼(Tolman)提出的期待价值理论是早期的一种动机认知理论，他认为，行为的产生不是由于强化，而是由于对一个目标的期待。期待是重要的，它帮助个体获得目标。[①]

家长的期待如果脱离现实的基础，或是忽略了孩子的承受能力，缺乏对孩子兴趣爱好的认识，这样的期待就是不合理的。因为每个孩子都有自己的个性特点，也都有自己的兴趣爱好，仅仅试图让孩子按照家长的期望去学习、生活，或是想当然地去安排孩子的未来，这就意味着这个孩子已经不属于他自己了，他可能要承载着几代人的希望，牵动着几代人的心弦。一方面，这种不合理期待会给孩子带来学业上的压力、心理上的焦虑，因为有很多孩子处在一种“一直在努力，但总是达不到目标”的状态中，在产生焦虑感的同时，又觉得辜负家长的期望而怀有内疚之心。另一方面，家长的情绪也与这种期待密切相关，对于能够实现的期待，如孩子的成绩、进步符合自己的预期，往往感到很愉快；而未能实现的期待，则会引起焦虑、抑郁或悲哀。

四、教育消费日益增大

当代社会，人们比以往任何时候更看重教育对孩子发展的重要作用，这

---

① 转引自董奇、边玉芳：《教育心理学》，浙江教育出版社 2009 年版，第 193 页。

无疑是促进教育培训、课外辅导等教育消费快速发展的最强大潜在需求。针对每个家庭而言,教育消费是指个人或家庭接受各级各类教育,消耗教育部门及与教育密切相关部门提供的各种服务,从而满足其知识、技能、能力增长需要的行为和过程。[①] 教育消费不单纯是一种经济方面的消费,还是对孩子人力资本的投资。在“再苦不能苦孩子,再穷不能穷教育”等观念的驱动下,为孩子“舍得花钱”已普遍成为很多家庭的共识,特别是随着家庭可支配收入的提升,家长对孩子可投入的关注和资源也日益增长。

调查发现,儿童参与的许多学习活动都离不开家长在资金上的投入,收入及教育水平较高的家长在孩子学习方面的支出更多。而让人难以理解的是,有的家庭收入尽管不太高,也分配了家庭收入中的较大比例用于投资孩子的教育,这也从侧面反映了低收入家庭希望下一代能够摆脱贫困,不重蹈父辈的覆辙。投资是需要回报的,投资越大,期待值就越大,家长的焦虑也就愈加严重了。

第三节　教育焦虑的化解之道

教育焦虑不可避免,轻微的教育焦虑能够帮助家长提高注意力,促进更专注、更深入的思考与体会,这也是家长不断自我成长的催化剂。但超过一定限度的教育焦虑,则会适得其反。由于教育焦虑的主体是家长自身,因此,如何进行自我更新、自我调整与自我完善,对有效化解教育焦虑有着决定性的作用。

一、完善认知,建立对孩子的合理期望

从现实情况来看,人的大部分心理问题和情绪困扰都来源于不合理的认知,它主要表现为对自己和他人绝对化的要求或不合理的评价,这种不合理的认知很容易导致焦虑的产生。[②] 很多家长对孩子抱有过高的教育期望,在孩子的教育上有着绝对化的要求,这实际上就是一种不合理的认知。比如,认为孩子一定要上好的幼儿园、重点学校,考试一定要名列前茅,在艺术

① 杨清:《院校管理与大学生教育消费满意度研究》,福建科学技术出版社2017年版,第16—17页。

② 罗增让、张昕:《焦虑理论与诊断治疗策略》,人民出版社2015年版,第73页。

方面也一定要有所建树。一旦孩子满足不了家长的这种期望,家长就很容易产生教育焦虑问题。

完善认知,建立对孩子的合理期望,家长首先应纠正自己的认识误区,适合孩子的才是最好的,暂时的好成绩并不等于好的人生和未来。其次,家长要积极学习,认真观察孩子,根据孩子的身心发展规律、行为表现等实际情况对孩子进行合理期望,避免理想与现实差距太大造成的落差与冲击。最后,家长要认识到每一个孩子的发展是有差异的,每一个孩子的特点也都是不同的。家长不能照搬别人的成功经验来培养自己的孩子,更不能因为孩子某方面的欠缺而否定他的一切。正视差异,建立对孩子的合理期望,耐心引导孩子以符合他自己的"节拍"成长,这理应成为家庭教育的基本价值取向。

二、坚守立场,避免盲从与跟风

坚守立场,意味着家长要有坚定的信念,面对各种碎片化信息的干扰、媒体社会的狂轰滥炸,或是各种"育儿宝典""家教秘籍"的"洗脑",家长要能够保持一份清醒的头脑。家长对孩子的爱不应是短期的、即时的,而应是有远见性的,能够认识到未来社会需要什么样的人才。作为家长,都希望自己的孩子全面发展,身心健康,拥有快乐的童年,特别在学前教育阶段不应有太大的学习压力与负担,"儿童应该拥有自己的生活"。

但研究的视角一旦回到现实,客观的社会环境使得家长难以"独善其身"。"幼升小要报培训班吗""别的孩子英语都能对话了,自己的孩子才会几个字母呢""邻居的孩子一暑假竟然报了 8 个培训班,自己的孩子才报了两个",诸如此类的盲目攀比很容易让家长慌了神,担心自己的孩子会落后于别人,如果跟不上别人的步伐,自己的孩子将来要吃亏。实际上,跟风与盲目攀比都是对孩子的一种伤害,家长要认识到自己孩子的"独特"之处,努力去理解孩子的真实需求,遵循孩子的学习与发展规律,尽量减少外界刺激对自己和孩子的消极影响,理智分析,独立思考,合理规划孩子的学习与生活。

三、反思批判,提升家长的媒介素养

家长焦虑的一个显著表现在于对未知世界的恐惧,而这种恐惧的来源很大一部分在于各种媒介信息的传播。面对各种真假难辨、良莠不齐的信息时，如何选择、理解、质疑、评估、创造，进而进行科学的辨别、批判性的解读，这都对家长的新媒介素养提出了挑战。移动互联网时代，新媒介素养主要指公众接触、使用新媒介及解读新媒介信息时所表现出的素质和修养。它是公民社会个体素养的重要组成部分，是信息时代不可或缺的社会“通行证”。它通过对媒介资源的“公平使用”，帮助人们成长为批判的思考者、有力的沟通者和积极的公民。[①]

对于家庭教育而言，新媒介素养主要体现在媒介的使用能力、信息批判鉴别能力、信息转化能力三个方面。[②] 媒介素养决定了家长能否在接收媒介信息的同时依然保有批判的眼光，将“虚拟世界”与“现实世界”理智区分。此外，媒介素养也决定着家长如何在信息洪流中获取真实可靠并能服务于家庭教育的信息。这些都需要家长凭借自身的媒介素养对已获取的信息内容进行甄别与判断，加强反思与批判，从而在信息消费的过程中掌握主动，取其精华去其糟粕，不受“情绪传播”“焦虑传播”等信息的影响，也才能真正有效地纾解家长育儿过程中的教育焦虑。

---

① 郭栋：《网络与新媒体概论》，陕西师范大学出版社 2018 年版，第 286 页。

② 尤佳：《新媒体视域下中国当代育儿焦虑研究》，河北大学 2019 年学位论文，第 139 页。

专题十三

幼小衔接

科学的幼小衔接能为孩子进入小学后的发展奠定良好的基础，而不恰当的幼小衔接，可能会造成幼儿身心和社会适应等方面的诸多困难。在幼小衔接上，家长的有所作为、家园共育的一致性能让教育工作事半功倍，助推孩子完成从幼儿园向小学的顺利过渡。

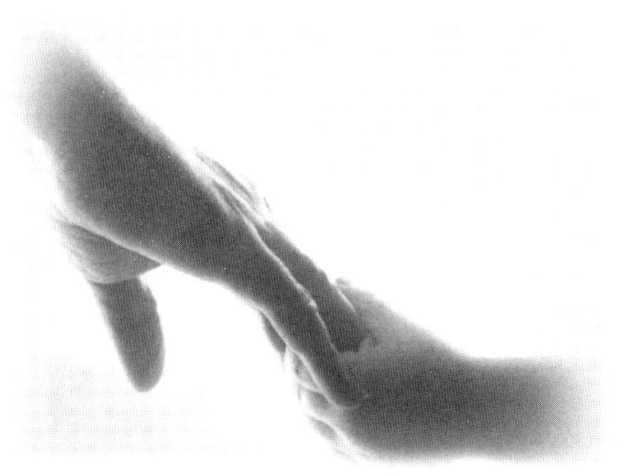

第一节　幼小衔接的重点

幼小衔接是指幼儿园与小学根据儿童身心发展的阶段性、连续性规律以及儿童可持续发展的需要，做好两个教育阶段的衔接工作，使儿童顺利适应小学学习生活，并为今后的发展打好基础。[①]《幼儿园教育指导纲要(试行)》就特别指出，“幼儿园应与家庭、社区密切合作，与小学相互衔接，综合利用各种教育资源，共同为幼儿的发展创造良好的条件”。《幼儿园工作规程》也强调：“幼儿园和小学应当密切联系，互相配合，注意两个阶段教育的相互衔接。”

做好幼小衔接，有助于幼儿尽快适应小学的学习生活，顺利地从以游戏为主的学习过渡到以课堂教学为主的学习，从弹性的一日生活过渡到强制规定的作息制度等内容，避免因两个教育阶段之间的差异给孩子带来不良的影响。幼小衔接是当下许多即将升入小学的幼儿家长较为关注、倍感压力的话题之一。

科学的幼小衔接能为孩子进入小学后的发展奠定良好的基础，而不恰当的幼小衔接，可能会造成幼儿身心和社会适应等方面的诸多困难。因此，幼小衔接的重点与难点是什么？家长在幼小衔接教育中应有哪些作为，如何陪伴、引导、鼓励孩子，让他们带着对小学的向往和憧憬，愉快、积极地融入小学生活，这些问题对家长而言是个严峻的挑战。

长期以来，许多家长习惯于通过考试成绩评价孩子的发展。在幼升小

① 朱宗顺、陈文华：《学前教育学》，北京师范大学出版社2012年版，第185页。

的时间节点，特别是看到孩子还不能认识太多字、简单的加减法还不怎么会，有的家长就焦虑不安。这种焦虑一方面会导致家长向幼儿园施压，希望幼儿园能多教孩子一些知识，另一方面也促使一些家长另辟蹊径：办退园手续，上所谓的幼小衔接辅导班；自己动手，提前给孩子教授小学的知识。这种所谓的"捷径"显然曲解了幼小衔接的重点。2018年，《教育部办公厅关于开展幼儿园"小学化"专项治理工作的通知》强调，"严禁教授小学课程内容。对于提前教授汉语拼音、识字、计算、英语等小学课程内容的，要坚决予以禁止。对于幼儿园布置幼儿完成小学内容家庭作业、组织小学内容有关考试测验的，要坚决予以纠正。社会培训机构也不得以学前班、幼小衔接等名义提前教授小学内容，各地要结合校外培训机构治理予以规范"。

幼小衔接事关孩子是否能够更好地适应即将到来的小学生活。由于幼儿园教育与小学教育在教育教学任务、作息制度、生活管理方式、师生关系、社会及成人对儿童的要求和期望等方面都有较大差异，因此，家长要引导孩子适应这种差异，为孩子进入小学之前在德、智、体、美、劳等方面的发展打下基础，从而为孩子正式接受学校教育做好充分的准备，而这种"适应性""基础性""准备性"的工作正是幼小衔接的重点。

一、生活习惯的培养

在小学教育的过程中，许多事情不像在幼儿园可以由老师帮助完成，它需要孩子们有良好的生活习惯和独立的自主能力，如上课认真听讲、作业不拖沓、物品整理有序整齐、带齐学习用品、自己背书包、根据气温变化增添衣服等，这都需要孩子独立完成。但研究显示：小学一年级的孩子在生活习惯、自理能力、班集体的适应性等方面还存在很多问题，如做事丢三落四、找不到自己的物品、自己的物品弄丢了竟然不认识也不认领。[①] 实际上，孩子两岁时在身体、智力等方面都已经得到迅猛发展，有强烈的自我意识，并具有独立做事的能力，这也是家长培养孩子生活习惯的重要阶段。

因此，家长们一定要在日常生活的实践中，敢于放手，言传身教，给予孩子必要的规范和引导，让孩子自己动手做事情，同时要针对孩子的行为表现积极反馈、严格执行。也只有当习惯变成了主动自觉的行为时，对孩子未来

① 柴生华：《和孩子共同成长》，吉林人民出版社2019年版，第54页。

的发展才会产生正向的积极影响。

二、学习品质的培养

小学的学习内容与学习方法都与幼儿园有较大的区别,小学的学习内容更多、学习的要求更高、集体教学的时间也更长,如果孩子缺乏学习的兴趣、自控能力较弱、学习方法比较单一,就有可能无法适应小学的学习生活,或是对学习产生倦怠。因此,在幼儿衔接的教育过程中,家长对孩子学习品质的培养至关重要。所谓学习品质,是指能反映儿童自己以多种方式进行学习的倾向、态度、习惯、风格等,它不是指儿童所要获得的那些技能,而是儿童自己怎样使自己去获得各种各样的技能。

《3—6岁儿童学习与发展指南》也强调了学习品质对儿童终身发展的重要意义,指出学习品质是幼儿在活动过程中表现出的积极态度和良好行为倾向,要尊重和保护孩子的好奇心和学习兴趣,帮助幼儿养成积极主动、认真专注、不怕困难、敢于探究和尝试、乐于想象和创造等良好学习品质。可以看出,儿童的学习品质主要由两个基本维度组成:情感的维度和行为的维度。特别是孩子好奇心、学习兴趣的培养,需要家长不能只要求孩子认字、写字、做算术题,而是要多鼓励孩子提问、激发其学习欲望,引导孩子用不同的方法探索疑问、解决各种问题,让孩子充分感受到探索知识的乐趣、收获和成就感,从而为其后继学习与终身发展奠定良好的素质基础。

三、时间观念的养成

在幼儿园我们会发现,有的孩子不懂得分配时间,对时间也没有统一的规划管理,想到哪是哪,或者经常迟到、有事也不请假。这种习惯显然不适应小学教育的学习与生活,必然会造成孩子作业的拖沓、无法遵守学校的作息制度,或者无法按时完成学习任务。因此,幼小衔接,家长务必要重视儿童时间观念的养成。所谓时间观念,就是运用、管理时间的自觉性。①

儿童有无时间观念,往往和家长的言传身教与引导关系密切。上幼儿园时,有的家长缺乏一定的时间观念,有时晚送,有时早接,孩子生病或家里有事时也不及时给教师请假,在家里作息也是比较随意,心情好可能会早睡

① 欧阳库:《管理心理学》,陕西师范大学出版社1991年版,第138页。

早起，心情不好时就会熬夜。家长的这些行为，会被孩子“看在眼里，记在心上”，进而孩子会效仿，这无形中给孩子适应小学作息制度造成实质性的困难。因此，要想养成孩子的时间观念，家长的时间观念就要更强，家庭成员共同协商，给孩子建立稳定的作息制度，让孩子有比较清晰的时间观念，包括按时起床、按时用餐、按时入睡、按时大小便等，帮助孩子有效地规划时间，从而为适应小学的作息制度做好准备。

四、规则意识的建立

小学生活与幼儿园生活的一个显著区别就是，小学的作息制度非常严格，不像幼儿园的一日生活比较灵活、宽松，对儿童的纪律和行为规范有强制性的要求。这种“强制性”主要表现在小学生要遵守《中小学生守则》《小学生日常行为规范》，这也是小学生规则意识形成和规则行为落实的最基本的行为要求，其目的在于加强对小学生的文明礼貌教育和行为训练，以促使他们从小养成良好的行为习惯。

受认识水平和生活经验的制约，幼儿园的孩子经常不能理解规则的意义，也体会不到规则的重要性，比如玩游戏不会等待、集体教学时随便插话、在马路上乱跑等。这就需要家长在生活中让孩子感受因无序、混乱而引起的不便，感受有序的活动带来的便利与快乐，并且通过一些游戏、故事、绘本等让孩子在反复的体验中学会正确的选择，从而尽快促进孩子规则意识的逐步内化。

更为重要的是，规则意识能够使课堂变成安全、有序的场所，也是课堂环境的支持性、保障性因素，有利于造就良好的课堂秩序，保证教学任务的顺利完成，提高教学的效率和质量。由此看来，幼小衔接中儿童规则意识的建立不可或缺。

五、社会性及情感的发展

幼小衔接教育的主要目标是培养孩子的适应性、准备性，既有知识上的适应和准备，又有社会性及情感上的适应和准备。一方面，心理学、神经科学及教育的发展显示，人们在社会性及情感方面的能力对个人、职业及教育方面的成功所产生的影响比传统智力的作用更大，因此社会性及情感能力越来越被看作是人类积极有效的发展与教育的核心。另一方面，教育的不断发展越来越要求以儿童为中心，实现儿童各方面全面发展。因此，如何实现儿童智力、社会性及情感等各方面的和谐发展变得越来越重要。[①]

实际上，在幼儿园教育阶段，许多儿童的社会性及情感已经得到了发展，许多孩子变得十分自信、独立而且活跃，他们渴望与成年人、其他同伴进行交流，并能在游戏过程中学会等待、或者说服他人获得参与游戏的机会，有些孩子还学会了处理同伴间的冲突。研究发现，善于交往的儿童更受欢迎并拥有更多的朋友，这种积极的同伴关系也可以用来预测长期的正面社会性发展和心理健康。[②] 也可以说，能否适应小学生活与儿童的自信、同伴关系等技能和行为密切相关，家长不仅要关心孩子的生活，更要关心孩子的思想、同伴交往，努力发现孩子身上的闪光点，及时激励，正确引导，信任并尊重孩子。正是这宽松的家庭氛围才能够更好地培养孩子的交往自信，增进亲子间的情感交流，从而在幼儿园与小学之间搭建一个适度的"斜坡"，使孩子顺利实现从幼儿园到小学的过渡。

第二节　幼小衔接的难点

幼小衔接是一个"老大难"的问题了，为此，2021 年 4 月，教育部印发了《关于大力推进幼儿园与小学科学衔接的指导意见》，其中两个附件《幼儿园入学准备教育指导要点》《小学入学适应教育指导要点》，分别对幼儿园的入学准备教育和小学的入学适应教育提出了具体、可操作的指引。但观念的改变需要一个过程，幼小衔接仍面临如下难点。

一、幼儿园教师难以坚守教育信念

幼儿园如何做好入学准备教育，《幼儿园入学准备教育指导要点》特别强调了三点：一是准确把握入学准备的内涵。针对社会上过度重视知识准备的问题，强调将身心准备、生活准备、社会准备和学习准备等方面有机融合和渗透，不能片面追求某一方面的准备，或用小学知识技能的强化训练替

---

① 周小虎：《为了儿童的利益：美英学前教育政策比较研究》，山东教育出版社 2015 年版，第 206 页。

② [美]杰弗里·特拉威克-史密斯：《儿童早期发展：基于多元文化视角》（第 5 版），鲁明易等译，南京师范大学出版社 2012 年版，第 331 页。

代全面准备。二是处理好循序渐进与把握重点的关系。既强调将入学准备贯穿于幼儿园三年保育教育全过程，从小班开始逐步培养幼儿身心基本素质，又强调大班根据即将进入小学的特殊需要，实施有针对性的入学准备教育。三是尊重幼儿身心发展规律。强调用科学的、符合幼儿学习特点的方式，不仅帮助幼儿做好入学准备，还要帮助幼儿做好终身学习的准备。

可以看出，幼儿园教师要坚守教育信念，除了培养自身的学前教育知识与技能，不断丰富完善自身的教育理念与实践以外，还要通过自身努力实现专业价值并获得相应的专业地位。但受市场规律、部分民办园逐利的影响，幼儿园教师要做到坚守教育信念而不随波逐流，依然任重而道远。

二、小学教师理解幼儿发展的单一视角

在一些小学教师眼里，部分幼儿园毕业的孩子，如果提前被教授了识字、计算、写字、拼音等，这些孩子更容易“上手”，接受能力更强，也更能得到教师的鼓励和积极反馈。但是，小学教师理解幼儿发展的单一视角，一方面会与家长的功利思想一拍即合，强化了家长对幼儿知识学习的要求，也导致了一些高质量的公办小学举行所谓的入学考试或入学面试，以成绩决定取舍和分班，这也是幼儿园“小学化”的重要推手。另一方面，会促使部分幼儿园特别是一些民办园采取“小学化”的手段，显性或隐性地教授小学的内容，以小学的知识和技能作为教育的主要目标。

小学教师理解幼儿发展的单一视角，无形中会压抑幼儿的学习兴趣，使得孩子的个性发展失衡、发展窄化，孩子虽然看似把握了记忆发展的关键期，却错失了好奇、探索、思考、想象、创造等发展的关键期。其结果就是幼儿变成知识的容器，而不是主动思考、勤学好问、勇于探索的儿童，这种局面是可悲的。但幼儿园“小学化”所带给幼儿长远的影响很难被小学教师个体的单一视角所感受，这既需要建设好良好的外部环境，又需要小学教师能够熟悉幼儿的发展规律，改革小学低年级教育，而这都需要一个漫长的过程。

三、家长功利主义教育思想的影响

在一些家长眼里，幼小衔接就是为孩子上小学做准备，而这种入学准备就是知识准备，就是要提前学汉语拼音、加减乘除，要认识一定数量的字，这样到小学才能跟上。在这种观念的引导下，有的家长就担心孩子在幼儿园

学不到所谓的"知识"，于是就给孩子安排幼升小的辅导班，看到孩子的"成绩"不断提高，"学会"了一些拼音、生字，加减法也有了较大的进步，家长自然乐在其中。因为对于这些家长来说，完美的"结果"才是最重要的，这就是典型的功利主义教育思想。

事实上，科学的幼小衔接需要家长的认同和支持，更需要家长的亲身参与。如果家长看不到孩子在幼儿园获得了入学准备所需的关键素质，不理解孩子的建构游戏、绘画作品、绘本阅读等学习如何在入学准备教育活动中得到了实现，那么，家长对科学幼小衔接的误解将会持续下去，所谓的家园共育、教育合力也将成为一句空话。因此，如何科学引导家长，进而获得家长的支持与参与，这是幼小衔接有效实施的关键。

第三节　家长参与幼小衔接教育的策略

在幼小衔接这个话题上，家长通常存在两种误区，一是认为幼小衔接可以通过上小学前一个阶段进行突击培训或辅导就可以搞定，二是认为幼小衔接主要是幼儿园以及教师的任务，和家长的关系不是太大。这两种误区也无形中造成了家长在幼小衔接教育中的"无为"或"不为"。如前所述，幼小衔接是一个连续性的教育培养过程，那种阶段性的"临阵磨枪"很难让孩子适应真正的小学生活和学习。而儿童的生活习惯、学习品质、时间观念、规则意识以及社会交往能力等都会受到家长教育理念、态度、行为表现以及家庭特有教育环境的影响。在幼小衔接上，家长的有所作为、家园共育的一致性能让教育工作事半功倍，助推孩子完成从幼儿园向小学的顺利过渡。

一、树立正确的幼小衔接教育理念

辩证唯物论告诉我们，没有正确的意识将会对客观事物的发展起阻碍作用，将会指导错误的实践。同理，缺乏正确的教育理念，也将会误导家长的教育行动。[①] 儿童的心理发展有不同的阶段，每个阶段都有不同的特点，无视儿童的心理发展特点而采取所谓的"想当然"或"道听途说"的教育方法，都会直接或间接伤害到孩子。学前儿童正处于感动运动思维和形象思

---

① 申健强、王文乔：《学前教育理论与实践探索》，西南交通大学出版社 2013 年版，第 68 页。

维阶段，系统地学习学科知识对他们来说莫过于拔苗助长。而提前教授孩子学科知识，正是忽视了幼儿的身心发展规律，没有认清学前教育和小学教育的差异性，这也是我们必须摒弃的狭隘的教育观念。

对于孩子而言，真正意义上的衔接就是心理上的衔接和能力上的衔接。因此，家长应充分认识到家庭教育在幼小衔接中的价值，其显性目的是提升孩子的小学适应性，其实隐含的终极目标是培养影响孩子一生的学习和生活品质，形成影响孩子一生的良好的学习与生活习惯。

二、科学认识幼儿园教育与小学教育的区别

幼小衔接教育是幼儿园、小学、家庭、社会必须密切配合的教育，在孩子成长的关键期，家庭教育的责任尤为重要。为此，家长必须科学认识幼儿园教育与小学教育的区别，才能很好地将衔接教育工作做实、做好。幼儿园教育与小学教育在性质、活动内容、方式方法上的差异，也造成了二者许多方面的区别：①

一是生活、学习环境的改变。幼儿园的生活环境比较符合孩子的心理年龄，更富有童趣；小学的环境则比较简单，更侧重于教师讲学生听的学习形式。

二是人际关系的变化。幼儿园采取保教结合的教育方式，孩子可以获得老师的极大关注，特别在生活上会得到较多的照顾；而在小学的教育环境中，许多时候需要孩子做好自我管理，对孩子的适应能力要求较高。

三是生活作息时间的变化。幼儿园的生活更接近家庭生活，一日生活包括入园、喝水、盥洗、如厕、午饭、午睡、自由游戏等多个环节，老师可以根据实际情况自主安排活动；小学的学习作息时间以课堂教学为主，按照课表班级授课，每节课有固定的时间，不可随意调整。

四是教学内容、教学方式的不同。幼儿园的教学内容更贴近孩子们的生活，小学则有教学大纲，老师要按照教学大纲要求完成教学任务；幼儿园以游戏为主要活动方式，让孩子通过直接感知、实际操作、亲身体验、亲近自然不断积累认知经验，从而促进孩子们各种能力的发展；小学的教育形式多以班级集体讲授为主，老师通过讲解、分析传递给孩子们抽象的知识，其考

---

① 柴生华：《和孩子共同成长》，吉林人民出版社 2019 年版，第 51—52 页。

核方式也是评价孩子的学习情况及对知识的掌握。

三、提升幼小衔接教育实践能力

幼小衔接是一个系统工程，需要整合多方教育资源，家园校共育，形成教育合力。家长除了在理念与认识上必须增强外，更需要在行动上有所突破，提升幼小衔接教育实践能力。《教育部关于大力推进幼儿园与小学科学衔接的指导意见》特别指出，幼小衔接要坚持儿童为本，帮助儿童做好身心全面准备和适应；关注儿童发展的可持续性，培养有益于儿童终身发展的习惯与能力。而这种“准备”与“适应”就需要家长从日常生活中的每一个细节着手，注重孩子的身心准备、生活准备、社会准备和学习准备几方面的有机融合和渗透。

以孩子生活自理能力培养为例，入学准备要求孩子能按需喝水、如厕、增减衣服、坚持自己的事情自己做，能够分类整理和保管好自己的物品，有初步的时间观念等。要完成这些目标，家长就要在大班下学期，适当减少对孩子的过于控制或命令安排，帮助孩子逐步学会根据自己的需要喝水、如厕等。要引导孩子学会分类整理和存放个人物品，如提供存放个人物品的设施设备，指导孩子学会分类整理和收纳衣物、图书、玩具、学习用品等。家长还可以通过个人示范、言传身教，引导孩子在日常生活和游戏中感受时间，学会按时作息，养成守时、不拖沓的好习惯。

总之，家长应科学认识幼儿园教育与小学教育的差异，对孩子合理期待，切实理解和践行科学育儿的理念，配合幼儿园和小学开展正常的衔接教育，努力做小学“零起点”教育的支持者和监督者，引导孩子在平时的学习、生活中不断养成良好的习惯和适应能力。只有家长端正心态，加强学习，积极与幼儿园教师或小学教师进行沟通和交流，合力为幼小衔接教育营造一个良好的环境，才能真正意义上帮助孩子更好地完成幼小衔接的过渡。

专题十四

自我成长

要想教育好别人，自己也要先接受教育。没有永远正确的家长，也不存在游离于家庭教育之外的家长。教育子女，既要体现在教育的“道”上，即厘清家庭教育的理念、特点、规律，也要体现在教育的“术”上，即掌握家庭教育的方法、策略。而家庭教育“道”与“术”充分结合的过程，也是家长自我成长的过程。

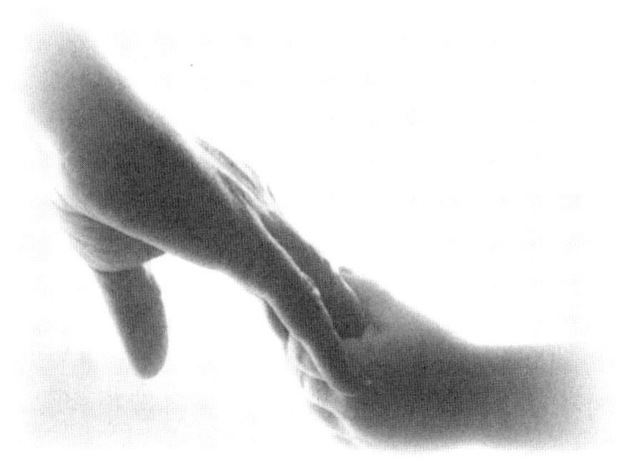

第一节　家长也是一种职业

在孩子成长的过程中，会出现很多问题，这些问题也是孩子成长的契机。面对孩子的这些问题，有些家长不能正确地认识和评价，也没有及时进行积极引导和帮助，这恰恰反映了家长教育能力的缺失。缺乏教育能力，家长要么推卸教育责任，把教育孩子的义务转嫁给爷爷奶奶、外公外婆或教育机构，要么就可能走进家庭教育的误区：把孩子当成自己的“私有财产”，不尊重孩子的人格与权利；全方位呵护，忽视孩子自理能力的培养；以自己被培养长大的记忆为教育蓝本教育孩子，不顾时代的变化与孩子的成长规律……

因此，家长应该注重自身教育能力的提升，既要体现在教育的“道”上，即厘清家庭教育的理念、特点、规律，也要体现在教育的“术”上，即掌握家庭教育的方法、策略。而家庭教育“道”与“术”充分结合的过程，也是家长自我成长的过程。

一、家长需要转变观念

家长的自我成长是一个不断积累做家长经验的过程。当孩子刚刚出生，无论是爸爸还是妈妈都面临一个崭新的课题：如何亲子相处、如何科学养育。随着孩子渐渐长大，多数家长的生活重心都转移到了孩子身上，其自身也慢慢发生变化：开始关注早期教育了，更加热心学习烹饪技术了，听到别的孩子哭马上联想到自己的孩子，看到社会上众多的培训班很容易焦虑……其实这些变化正是孩子带给家长的影响，也是促使家长自我成长的动力，在一定程度上可以说孩子在引导家长成长。

但在现实中，还有很多家长有过这样的困惑："我是一名教师，可以教育好很多学生，可偏偏自己的孩子教育不好""我为了孩子付出了那么多，几乎是有求必应，可孩子怎么就不成器呢""我明明事业成功、有较高的社会地位与身份，却依旧管理不好自己的家庭"。究其原因，在于他们从来没有意识到，"家长"不仅仅是一个角色，它更是一种职业。因此，家长的自我成长亟须观念的更新。

二、家长需要岗前培训

无论哪一种职业，每个人都可能要经历一个"实习—试用—熟练—专业"的过程。然而家长这一种职业，没有所谓的实习期，也没有现成的案例可以参考，多数是按照自己成长的经验"摸着石头过河"。工作可以重来，出现次品可以返工返修，但孩子的成长只有一次，并且是不可逆的，因此，对于家长这个特殊的职业来说，进行岗前培训是必要的，而且是势在必行的。当有"生宝宝规划"时，就要开始有所准备了。

对家长进行岗前培训，一方面有助于化解"不称职家长"带来的消极影响。所谓的"不称职家长"，主要是指那些缺乏育儿知识与能力、责任心不强或是在孩子的成长中经常缺席的家长。"不称职家长"之所以不称职，很大原因在于他们成为家长前没有接受过任何预先性的家长教育培训，其家庭教育的有效性自然不可恭维。另一方面，对家长进行岗前培训有助于他们系统性地学习如何为人父母，这种事先的预防教育可以帮助家长更好地做一名合格、称职的家长。家庭教育的成败与好坏在很大程度上取决于家长的教育水平，家长教育也是家庭教育以及整个教育"金字塔"的基础。由此可见，家长岗前培训的重要性也就不言自明了。

三、家长需要不断充电学习

很多家长开展家庭教育时所实施的教育方法有多重渠道，有的来自于父母经验的传承，有的来自于专家指导，也有的来自于网络世界所谓的"育儿秘籍"。但无论哪种方法，都需要家长有一种批判性的思维，去选择、去扬弃、去结合孩子的实际情况创造性地使用，而这都需要家长不断充电学习。家长充电学习，既可以通过阅读书报、网上学习、查询资料等自我教育模式来获得家庭教育的观念、知识和技能，自己总结家庭教育的成就、存在问题和失败教训，不断提高自身修养，还可以通过家长交流群、亲友群、同事群，汲取其他家长的教育经验，寻找家庭教育的失误原因，探索家庭教育的成功之道。

另外，家长学校、家园（家校）交流模式也是家长充电学习的主要模式，家长可以在教师或专家的指导和帮助下破解家庭教育的困惑，掌握一定的家庭教育基础知识和基本技能，家庭教育的科学素养也能得到进一步提升。没有最好，只有更适合，选择哪一种学习模式，需要家长根据自己的实际情况进行理性的判断。

四、家长需要分工合作

在一般的家庭中，父亲与母亲在教育孩子上通常会有一定的分工。这种分工一方面是由于男女生物事实上的两性差别，男女细胞结构的不同也造成了显著的生理和心理上的不同。另一方面是由传统的习惯所规定的，男主外、女主内，父亲唱红脸、母亲唱白脸。分工并不是绝对的，不能被“脸谱化”，更多是基于家长各自的工作实际与特长，充分发挥各自的作用。

事实上，父亲有父亲的作用，母亲有母亲的优势。相对来说，母亲在家庭中具有特殊的地位和作用，无论是母爱的力量，还是母亲的慈爱、善良、勤劳等优良品质，都会从小培养孩子的同理心、体贴、关爱他人、懂得分享等做人的基本素养，这也正是孩子认识世界的情感和文明基础。因此，苏霍姆林斯基把母亲比作家庭教育中“最细致和最有才干的雕塑家”。而父亲则倾向于对孩子严格管教，这种严格管教也有利于建立家长的威信。当然，父亲建立威信不同于打骂或体罚，更多地是建立在其自身的人品、学识、能力上。父亲的威信越高，就越容易发挥其模范作用，对孩子的教育效果就越好。

除了父母的分工，也需要双方的合作，就孩子成长中出现的问题及时协商，统一家庭教育理念。正如费孝通所言：“在男女分工体系中，一个完整的抚育团体必须包括两性的合作。两性分工和抚育作用加起来才发生长期性的男女结合，配成夫妇，组成家庭。”①

---

① 费孝通：《生育制度》，北京联合出版公司 2018 年版，第 77 页。

五、家长应具备一定的“职业道德”

既然把家长看作一种职业，家长就必须具备与其身份、角色等相符的一系列道德要求，就要对“家长”像对待一种职业一样敬畏和有所担当，亦即家长应具备一定的“职业道德”。职业道德是对家长在教育孩子过程中行为的要求，同时又是家长对社会所负的道德责任与义务。2020 年 8 月，全国妇联、教育部共同印发《家长家庭教育基本行为规范》(以下简称《规范》)。《规范》共 10 条，具有鲜明的时代性和针对性，特别针对当前家庭教育存在的价值导向问题、方法单一问题、能力不足问题等提出了明确的要求，这也可以看作是新时代家长的“职业道德”。

长期以来，家庭教育中重智育、轻德育，重学习、轻劳动，重分数、轻能力的现象始终是个“老大难”的问题，《规范》第五条就明确要求：教育引导子女养成良好学习习惯，提升自主学习能力，保护子女的好奇心和学习兴趣，理性帮助子女确定成长目标，不盲目攀比，不增加子女过重课外负担，用德智体美劳全面发展的眼光评价子女。而《规范》第八条针对劳动教育也指出：教育引导子女树立正确的劳动观念，参加力所能及的劳动，在出力流汗中体会劳动创造美好生活，提高生活自理能力，养成良好劳动习惯。

今后一个时期，如何让《规范》落地，如何通过多种形式积极开展《规范》的普及工作，引导广大家长自觉践行《规范》，从而真正树立正确的家庭教育理念，掌握科学的家庭教育方法，不断提升家庭教育水平，最终促进孩子健康成长，这一应然性的目标依然任重道远。

第二节　家长应具备的基本素养

要想教育好别人，自己要先接受教育。没有永远正确的家长，也不存在游离于家庭教育之外的家长。教育子女的过程也是家长完善自我、丰富人格的过程。新的时代背景下，家长如果故步自封、高高在上，盲目照搬所谓的“虎妈”“狼爸”的育儿方法，缺乏终身学习、勇于改变的意识，其结果可能会造成对孩子的伤害。“什么样的孩子是社会发展所需要的?”“如何理解读懂孩子，为孩子的成长提供帮助与支持?”“如何与孩子共同成长进步?”这也许是当代家长必须厘清的问题，也是其基本素养的基本内容。

一、社会主义核心价值观:把牢家庭教育底色

社会主义核心价值观根植于每一名中国人的内心深处,也潜移默化地影响着每一个中国人的思想和行为,它既是国家的立国之本和全体国民利益最大公约数的集中体现,又是国家的价值理想、价值追求和思想灵魂。党的十八大以来,习近平总书记多次从国家、社会、公民三个层面的价值要求,从理论与实践、历史与现实、国际与国内相结合的辩证角度,全面深刻地阐释了富强、民主、文明、和谐、自由、平等、公正、法治、爱国、敬业、诚信、友善24字核心价值观的丰富内涵。社会主义核心价值观"传承着中国优秀传统文化的基因,寄托着近代以来中国人民上下求索、历经千辛万苦确立的理想和信念,也承载着我们每个人的美好愿景"①,也充分反映了党的理论创新和实践发展的新成果和新结晶。

社会主义核心价值观只有落实在具体行动中,才能内化于心、外化于行,才能发挥其具体的价值和意义。一个孩子从出生到走向社会,他是不是热爱祖国、努力工作、有责任心、文明友善,这些都需要在日常的一言一行中加以落实。家长作为孩子的"第一任老师"和引路人,必须要自觉学习和践行社会主义核心价值观,全面贯彻习近平总书记关于家庭建设的重要论述精神,将社会主义核心价值观的要求融入自己的言行举止,注重自身修养,做好孩子的表率,把牢家庭教育的底色,为孩子的健康成长营造良好的家庭教育环境。

二、教育理念:引领家庭教育方向

教育理念是指人们对于教育现象的理性认识、理想追求及其所形成的教育思想观念和教育哲学观点,是教育主体在教育实践、思维活动及文化积淀和交流中所形成的教育价值取向与追求,是一种具有相对稳定性、延续性和指向性的教育认识、理想的观念体系。② 教育理念是教育行为的引领,我们对待孩子的一切行为,背后都有教育理念在做支撑。教育理念主要包括人才观,家长对人才价值的理解;亲子观,家长对子女与自己关系的基本看

---

① 习近平:《习近平谈治国理政》(第一卷),外文出版社2018年版,第169页。

② 韩延明:《理念、教育理念及大学理念探析》,《教育研究》2003年第9期,第50—56页。

法；儿童观，家长对儿童的本身及其发展的认识；教子观，家长对自身、对子女发展的影响力和本身能力的认识；等等。①

教育理念是家长基本素养的核心，对家庭教育的目标、方向以及家长的教育行为都起着制约和指导作用，也是影响家庭教育质量的决定因素。以人才观为例，“不让孩子输在起跑线上”，成长的路线就是沿着优质幼儿园—重点小学—重点中学—重点大学—硕博连读，然后从事高端工作，这是很多家长为孩子未来设计的目标，而且是唯一目标。这种人才观容易造成家长对孩子智育的过度关注，忽视孩子的思想品德、良好习惯、自身特点等方面的发展，也容易造成孩子的片面、短视、畸形发展。

家长要树立科学的儿童观，注重孩子的全面发展，认识到家庭教育就是为孩子的“成人”打下良好的基础，重点在家庭教育氛围营造、良好习惯培养、劳动教育养成等方面着力，而不是纠结于当下孩子的成绩与分数。

三、教育知识：增强家庭教育质量

信息社会的发展，新兴事物的层出不穷，让成长中的孩子对周围的世界充满了太多的好奇与新鲜，他们会向家长提出许多个“十万个为什么”，这些问题包含着孩子强烈的求知欲，也是他们接受新事物、新旧经验相互碰撞、健康成长的契机。家长在与孩子交流的过程中，能否给予合理的回答、科学的引导、因势利导的启发，进而促进孩子思维水平、想象能力的发展，完全取决于家长的教育知识。

目前，教育知识缺乏是我国许多年轻父母存在的一个普遍性问题，家长在自己的专业领域也许很有造诣，但对涉及家庭教育的儿童发展心理学、家庭教育学、生理卫生、社会科学、自然科学等方面的知识却比较欠缺。这种欠缺一方面表现在有些家长对孩子的“十万个为什么”不知如何回答，也不懂得如何引导，甚至呵斥或打压；另一方面表现在家长过于重视孩子的学业成绩，但对孩子的身心发展、情绪情感不予理睬，孩子取得好成绩就大加赞扬，成绩不理想就给予批评，并没有关注孩子问题背后的原因。

教育者必先接受教育，如此，才能不至于以其昏昏使人昏昏。因此，科学育儿要求家长必须加强学习家庭教育方面的知识，学习如何做家长，毕

---

① 关颖：《家庭教育是什么：家长学习读本》，广东教育出版社 2018 年版，第 117 页。

竟,“爱孩子,这是母鸡也会的事。可是,要善于教育他们,这就是国家的一桩大事了,这需要有才能和渊博的生活知识”①。

四、教育方式:体现家庭教育行为

家庭教育方式主要是指家长在抚养、教育子女的活动过程中通常采取的方法和形式,是教育理念作用于教育行为的倾向性表现。家庭教育方式对孩子的心理健康、日常行为、人际交往及未来的职业选择等都有着潜移默化的影响——情绪传导的作用、性格形成的作用以及行为规范的作用②。不当的家庭教育方式,如期望过高、目标单一、过度教育、溺爱、严格控制、虐待体罚,不仅会造成亲子之间感情上的疏远、孩子思想混乱、无所适从,也会使孩子不能明辨是非、散漫自由,或者胆小怕事、性格懦弱、情绪偏激,这都对孩子的身心健康发展产生不利的影响。

家长科学的教育方式应该表现为对孩子爱而不惯、严而不酷、宽而不放。③ 家长对孩子的教育,既要注意其身心特点,循循善诱,以理服人,严格要求孩子的言行,又要注意自身行为对孩子的影响,以身作则,努力为孩子做好榜样示范。这种家庭教育出来的孩子,往往有较强的自信心和独立自主的能力,有良好的行为习惯和广泛的兴趣、爱好,也能够在德、智、体、美、劳等多方面得到全面发展。特别是孩子从出生到入学启蒙这段时期,不同的家庭教育方式对孩子的身心健康发展具有决定性的影响,家长应努力学习,争取学校的支持与帮助,这样才能掌握合适的、科学的家庭教育方式,从而促进孩子健康快乐地成长。

五、教育能力:决定家庭教育效果

家长在家庭教育过程中,除了涉及“好不好”“是不是”“行不行”等价值观、教育知识、教育方式的问题外,还需要有解决家庭教育现实问题的能力。家长的教育能力是其能否承担子女教育的主观条件,是家长基于科学的教育理念,运用一定的教育方式,在家庭教育的实践中处理亲子关系、分析解决实际问题的个性心理特征。教育能力体现了家长的教育智慧,决定着家

---

① [苏]高尔基:《高尔基论青年》,中国青年出版社 1956 年版,第 6 页。

② 关颖:《家庭教育是什么:家长学习读本》,广东教育出版社 2018 年版,第 117—118 页。

③ 刘秉权、赵光辉:《家庭教育指南》,吉林大学出版社 1992 年版,第 9 页。

庭教育的效果。[①] 教育能力主要包括了解孩子的能力，观察记录孩子的能力，评价孩子以及保护孩子的能力等。

首先，作为家长，了解孩子是教育好孩子的前提，“要教养儿童，我们非要懂得儿童的生理和心理不可”[②]。家长有关儿童心理、成长规律、儿童发展特点、基本需求、儿童的权利等的知识和理论制约着家庭教育的成败。只有了解孩子，才能走进孩子的内心世界，也才有真正意义上的亲子沟通。

其次，为了全面深刻地了解孩子，家长还要有目的、有计划地观察孩子，获得关于孩子在健康、语言、社会、科学、艺术等领域身心发展的各种真实资料，并加以记录，为客观分析、评价孩子提供重要的参考与依据。

再次，家长要对已了解到的孩子的情况进行分析、综合、抽象和概括，做出切合实际、恰如其分的判断和评价，为有效指导孩子、促进孩子的发展创造条件。

最后，家长要能保护孩子免受来自外界的身心伤害，特别在孩子人格、人权的保护，以及保护孩子童年的欢乐、保护孩子的好奇心与想象力方面，这仍是每一位家长的“必修课”。家长教育能力的提升依然任重而道远。

第三节　家长自我提升的策略

家长基本素养的内容不是一成不变的，也要随着社会变迁持续更新、优化。家长应具备终身学习的意识，充分发挥自己的主观能动性，向儿童学习、向同辈学习、向经验学习、向生活学习、向书本学习，不断提高自己家庭教育的整体素养，努力实现家长的三个“转变”。

一、积极追求从依附性到自主性的转变

夸美纽斯认为“家庭教育和学校教育就像一架飞机的两翼，缺少任何一方都会出事”[③]。这也体现了家校合作中家长与学校平等的互动过程：双方都是教育的主体，地位平等，平等探讨教育方法、教育理念。家长配合、支持学校教育工作，学校充分发挥专业教育知识，指导、帮助家庭提高教育能力，

① 关颖：《家庭教育是什么：家长学习读本》，广东教育出版社 2018 年版，第 119 页。

② 陈鹤琴：《家庭教育：怎样教小孩》，中国致公出版社 2001 年版，第 750 页。

③ 转引自赵敏：《学校管理学》，广东高等教育出版社 2017 年版，第 172 页。

如此保证家校合作处于一种平等、持续互动的动态过程中。

但在实践中，家校合作更多被理解为“家长不懂教育，家庭教育是依附于学校教育的”，所谓的“5＋2＝0”也是这种思想的体现。上述观点忽视了家长的主体地位，家长只是一个执行配合学校政策的角色，家长被当成了学校的帮工，帮助学校招生宣传、解决具体困难、争取更多的社会力量把学校办好。而在对家长的家庭教育指导培训中，其目标也多数是为了让家长更好地理解学校的教育意图、教育规划，从而让家长更好地发挥“配合”作用。所以，有时候家长所接受的家庭教育是工具性的，缺乏一定的自主性。

新时代的家长接受教育最重要的目的是促进自己的发展。从依附性到自主性的价值转变，这对于家长意义重大。唯有如此，家长才能在家庭教育中不仅“知其然”与“知其所以然”，还能够“知其所以必然”，也才能真正提升教育孩子的能力。家长教育能力提升能够促进孩子健康成长，而孩子的成长反过来又会刺激家长不断学习，这恰是一个良性的循环，从而促进亲子之间的共同成长。

二、努力实现从单打独斗到学习共同体的转变

经常碰到教育焦虑感很强的家长，“我那孩子太烦人了，真拿他一点办法也没有”“孩子的问题太多，我现在有点焦头烂额”“孩子要不要报辅导班，报哪些辅导班更合适”。诚然，对于一些缺乏家庭教育经验与能力的家长，这种单打独斗的教育很容易让家长陷入焦虑。实际上，教育孩子，家庭、学校、社会、政府都有责任，家庭确实应承担教育孩子的主体责任，但家长应主动向教师、同辈、家庭教育指导者学习，彼此之间加强交流、分享与互动，从而开辟、构筑起学习共同体。

学习共同体是指一个由学习者及其助学者（包括教师、专家、辅导者等）共同构成的团体，他们彼此之间经常在学习过程中进行沟通、交流，分享各种学习资源，共同完成一定的学习任务，因而在成员之间形成了相互影响、相互促进的人际联系。[①] 也可以说，家长、教师、辅导者和整个社会的成员都是学习共同体的组成部分。作为其中的一员，家长可以从不同的层面参与

① 薛焕玉：《对学习共同体理论与实践的初探》，《中国地质大学学报》（社会科学版）2007 年第 1 期，第 1—10 页。

到共同体的活动中，并从中获得来自他人的支持与引领。在学习共同体开展的学习中，更加看重学习者的主体地位，这种重视交流、分享和互动的学习方式也更有助于家长的自我成长。

三、持续推动从传统经验到现代理念的转变

在对孩子的教育方式方法上，许多家庭教育传统经验至今仍对家长基本素养的提升有重要的借鉴与启发作用。如强调家庭教育要把握教育时机，“少成若天性，习惯如自然”“生幼小，精神专利，长成已后，思虑散逸，固须早教，勿失机也”；在对待孩子的教育态度上，强调“不曲爱、不妄憎”；在具体的教育方法上，强调“身教重于言教，教在不言之中”；在建设家庭教育环境方面，重视良好家风的建立，让家风成为无形的力量约束家庭成员。①

但我们也发现，有些传统的家庭教育经验，鉴于其存在一定的群众基础，也可能取得了短期的效果，目前仍成为部分家长信奉的“法宝”。像“不打不成才”“棍棒之下出孝子”“打是疼，骂是爱”“树大自然直”“用金钱物质作为鼓励手段”等教育观念，由于违背了儿童身心发展的规律，不仅助长了孩子不良行为习惯的形成，也会培养出孩子的胆小怕事或逆来顺受的性格，无法造就新时代所需要的人才。

从传统经验到现代家庭教育理念的转变，亦即要确立起“教育有智慧、交往有魅力”的现代家长观；“培养人格健全、独立自主现代公民”的教育目的观；“亲子间教学相长、共同成长”的家庭教育过程观。② 树立现代家庭教育理念，每位家长应意识到“孩子是家长最大的事业”，“孩子有问题，家长来‘吃药’”应成为全社会的共识。

家长自我提升的首要目的不是为了孩子，而是为了作为个体的家长自己，所以家长自我提升具有本体意义，而不仅仅是工具意义。每个家长由于在工作性质、阅历、教育背景等多方面的差异，其自身的提升都有自己固有的节奏。

家长的提升需要家长的转变，更需要家长的自我转变，如果家长缺乏来自内心的成长动机，不愿、不想去追求自我提升，所谓的“家长教育”“亲子共

---

① 陶靖：《当代家庭教育》，云南人民出版社 1999 年版，第 112—113 页。

② 转引自关颖：《家庭教育指导者培训教程》，天津社会科学院出版社 2018 年版，第 57 页。

同成长"都只能是一个形式。因此，如何创造条件让家长愿意学习、想学习，如何建立全社会广泛参与的家长教育支持体系，让家长学习不再是一个难题，这需要政府统筹协调，需要从法律上进行保障，为此，我们期待！

专题十五

生活智慧

家庭教育需要生活智慧，生活智慧也引领着家庭教育的和谐健康发展。无论是家长自我认知的生活智慧，还是建立良好亲子关系的生活智慧，家长的学习、生活经验始终是其生成的动力与源泉。

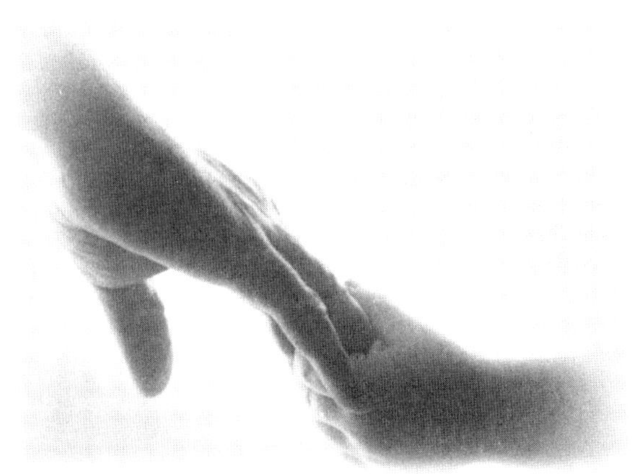

第一节　生活智慧的内涵

家庭教育贯穿于家庭生活的各个方面，是一种“在生活中”和“为了生活”的教育。教育是一门艺术，家庭教育更是一门综合性艺术，它和学校教育相比，具有更为复杂的性质，教育孩子需要家长的生活智慧。而家长的言传身教、以身作则也潜移默化地引导着孩子的成长，让孩子在对事物的不断探索、不断试误、不断选择中形成自己独立的生活智慧。因此，家庭教育与生活智慧密不可分。家庭教育如何生成和创造生活智慧，生活智慧又何以引领家庭教育，这都是家庭教育所应关注的问题。

一、对智慧的解析

智慧与哲学的关系历来密切。哲学自毕达哥拉斯首创以来，就是“爱智慧”的意思，柏拉图则认为哲学不仅是“爱智慧”，而且它应当也能够成为“智慧”，二者之间存在一种动态、密切的联系。[①] 亚里士多德更是视哲学为“智慧之学”，他对“智慧”提出了确切的定义，即智慧就是有关某些原理与原因的知识。[②] 亚里士多德认为“智慧”不同于神话、传奇故事，是对事物合乎理性的理解和认知，这也代表着广大西方社会对于“智慧”一词的认识。

《现代汉语词典》(第七版)对“智慧”的解释是辨析判断、发明创造的能力。《法言・修身》认为“智慧如烛照，可以看清事物，明察秋毫”，兼容东西

---

① 先刚：《柏拉图与“智慧”》，《学术月刊》2014 年第 2 期，第 49—57 页。

② [古希腊]亚里士多德：《形而上学》，吴寿彭译，商务印书馆 1981 年版，第 33 页。

方的智慧特征。可以看出,智慧是“知识”与“能力”的统整,“智”强调的是知识与胆识,是指能够做出正确的判断、估量、选择与决策,“慧”主要是悟性,是对于是非、正误、成败、得失等的迅速感受与理解掌控。①

智慧与知识有关,但智慧还应以美德为支撑,甚至由美德决定,智慧能够给人带来愉悦,它还是一种“人生之道”,关涉实践维度的生命。② 而在叔本华看来,智慧是美好的事物,让人们看到阳光与希望。因此,在一定意义上说,知识、道德、审美或者说真、善、美,就是智慧的本质。

智慧蕴含着真、善、美三个构成要素,三者缺一不可。“真”指的是真实、真理以及不惑、知天命的境界。“真”是一切智慧的基础,人要达到“真”,就需要学习知识。“善”指的是合理的利益、利他性的言行、符合一定社会或阶级道德准则规范的行为。“善”是智慧的重要维度,人在“真”的基础上,要做出对自然、人类和社会有利的行为,才符合智慧的内在要求。“美”是智慧最高层次的构成要素,美学维度的智慧,表现为一种审美形式,要求有智慧的人要具有平和的心态、充盈的心灵、高尚的情操、高雅的情趣,宽广的胸襟以及洒脱超然的人生境界。

真、善、美的统一才是智慧。如果个体能够洞悉某领域内事物本身所固有的本质、原理或事物发展的规律,并且能够做出符合一定社会伦理道德规范的利他性言行,同时在此过程中体验到一种超脱、愉快、自由的审美体验和情感升华,那么个体在这一领域内就是有智慧的。③

二、生活智慧及类型

“生活”是我们使用极为频繁的一个词,据说该词最早出现在春秋时期。《文子·道德》记载:“老子曰,自天子以下,至于庶人,各自生活,然其活有厚薄。”意思是从天子、贵族到老百姓,都有自己的存在方式,但活得好不好,那就是各有各的情况了。④

现代语境下的生活是指人类生存和发展过程中所进行的各种活动的总

① 王蒙:《说知论智》,《广州日报》2011年1月21日。

② 姚新中:《早期儒家与古以色列智慧传统比较》,陈默译,中国社会科学出版社2013年版,第13页。

③ 邵琪:《智慧教育史论》,浙江大学2019年学位论文,第64—68页。

④ 陈勤、刘晓庆:《话语的魔力:以关键词为例的哲学解读》,知识产权出版社2017年版,第10页。

和，既有日常活动、政治活动、文体活动、社会交往、观察活动，也有心理活动、精神活动等。“生活教会我感恩、生活是创作的源泉、生活是一面镜子、生活之树长青、生活是无字的书、生活的价值在于创造……”，这些蕴含着真善美的能力就是人们生活智慧的结晶。生活智慧不是一成不变的，它也在生活实践的应用中不断完善，使个体能够在与真实生活的互动中向真、向善、向美，从而建构自己的人生价值。

基于关系的视角，人的生活世界包括人与自然的关系、人与他人的关系以及人与自己的关系，相应地，人的生活智慧也划分为人与自然相处的智慧、人与他人相处的智慧以及人与自己相处的智慧。[①] 其一，人与自然相处的智慧，主要表现为人类在认识、适应、利用和改造自然资源，保护自然环境的过程中所拥有的智慧。“人是自然的一部分”，人类要高度警惕科学技术发展对生态平衡的破坏。中国传统文化倡导“天人合一”的生态哲学观，提倡“与天地并生，与万物为一”，这正是人与自然和谐相处的最高智慧。

其二，人与他人相处的智慧，主要指人们如何恰当地待人接物、说话做事和为人处世。儒家主张的“人不知而不愠，不亦君子乎”“不患人之不己知，患不知人也”“己所不欲，勿施于人”“己欲立而立人，己欲达而达人”“富贵不能淫，贫贱不能移，威武不能屈，此之谓大丈夫”等等，诸如此类关于人与他人相处的智慧，在一定程度上可以增强我们对生活的洞察和理解，促使我们更好地生活。

其三，人与自己相处的智慧。正如镌刻在古希腊德尔斐神庙门口的箴言“认识你自己”所揭示的，人往往关注外在世界，总是怨天尤人，抱怨社会不公，归咎运气不佳，而常常缺乏正确的自我认识与自我定位：以为自己知道，实际上未知总是大于已知；以为人定胜天，后来发现有太多的身不由己。认识自我并进而寻求生活的智慧，这也是人类永无休止地进行哲学思考的内在动力。人只有认识自我，清晰地了解自己的“能为”与“不能为”，才能在与他人相处的过程中找准自己的位置，也才能做出适合自己、适合环境的决定与选择，从这个角度来说，人与他人相处、与自然相处的智慧是以人与自己相处的智慧为基础的。

---

① 邵琪：《智慧教育史论》，浙江大学 2019 年学位论文，第 68—69 页。

三、家庭教育与生活智慧

《江苏省家庭教育促进条例》对“家庭教育”有明确的界定：家庭教育是指父母或者其他监护人以及有监护能力的家庭成员通过言传身教和生活实践，对未成年人进行的正面引导和积极影响。可以看出，“生活实践”是家庭教育的根本方法，家庭教育即生活教育，它体现的是一种“生活即教育，教育即生活”的大教育观。

家庭教育形成怎样的格局和特点，影响因素是相当复杂的，其中，家长素质、亲子关系是制约家庭教育过程及质量水平的重要因素。因为，家长是孩子的第一任老师，可以说，家长身体素质、心理素质、文化素质及思想品德素质都会不同程度地对孩子发生潜移默化的影响。而家长作为“第一任老师”，需要增强哪些道德修养、法治观念、家庭教育理念，需要掌握哪些必备的家庭教育知识和科学的家庭教育方法，提高哪些家庭教育能力，这都需要家长“认识自己”。家长能够正确认识自己，亦即拥有与自己相处的智慧，家长的言谈举止才能符合社会主义核心价值观的基本要求，才能在孩子幼小的心灵中打下深刻烙印。

家庭教育是以亲子关系为中心的教育，亲子关系同样是制约家庭教育的重要因素。“良好的亲子关系对促进子女的社会化，具有深远影响，特别是早期家庭教育中亲子关系，对子女的社会化具有决定性作用。”[①]很多家长感慨自己都是为孩子好，可孩子怎么就是不听话，不接受建议，凡事都是对着来，逆反心理特别严重。这其中家长就忽略了对亲子关系之“关系”的理顺。

先理顺关系，才有可能寻求改变。关系好了，孩子会把家长当作自己人，会合作，愿意听取家长的建议，反之，则可能会导致亲子关系冲突，亲子之间缺乏和谐、信任、理解、沟通与相互支持，甚至会出现惨痛的家庭悲剧。所谓“亲其师，则信其道”，亲子关系也是同样的道理。对于孩子而言，一切人际关系无不打上亲子关系的烙印，亲子关系对于他将来走出家庭后能否与其他人发展健康的关系，有决定性的影响。因此，与他人相处的智慧也是家庭教育的重要内容。

---

① 邓佑君：《家庭教育学》，福建教育出版社2013年版，第73页。

家庭教育的有效实施，需要家长正确认识自己，建立良好的亲子关系，需要加强学习，研究孩子的生理与心理特点，尊重信任孩子，以身作则，而“正确认识自己”“尊重信任”“以身作则”等正是生活智慧的主要内容。家庭教育需要生活智慧，而随着对生活智慧的日益关注，家长在家庭环境营造、家庭教育知识获取、家庭生活组织等方面更有心得，亲子关系也更加和谐，孩子也会在这种良好的家庭氛围中不断生成与创造自己的生活智慧，从这种意义上讲，家庭教育何尝不是“在生活中感悟教育，在教育中提升智慧”。

第二节　家庭教育何以缺乏生活智慧

习近平总书记2016年12月12日在会见第一届全国文明家庭代表讲话时指出：“家庭教育涉及很多方面，但最重要的是品德教育，是如何做人的教育。”[①]而孩子最初的道德知识是从家长身上和家庭生活中获得的，我们必须明白，道德知识乃是一种特殊的人文学知识，而所谓人文学知识不是现代知识意义上的“科学技术知识”，而是一种最切近人类自身生活经验的学问或生活智慧。[②] 但不可否认的是，家庭教育缺乏生活智慧还是一个不争的事实。

一、家庭教育缺乏生活智慧的表现

在根本上，家庭教育中的生活智慧既是家长在自身成长、良好亲子关系建立的过程中所显现出的对生命体悟和理解的一种智慧，也是孩子在成长过程中生成与创造自己的生活智慧。但在实践中，家长对自身成长重视不够、对亲子关系的建设过于漠视、忽视孩子问题解决能力的培养，都导致了在家庭教育中生活智慧的缺乏。

1. 自认为学历高，教育孩子不成问题

“高学历的家长教育孩子应该驾轻就熟”，这也许是人们对家庭教育一个很大的误区。这种误区使一些家长不能正确认识自己的角色，也无法摆正自己在家庭教育中的地位，对孩子的教育更多是基于自己的成人立场，潜

---

① 习近平：《习近平谈治国理政》（第二卷），外文出版社2017年版，第354页。

② 万俊人：《道德谱系与知识镜像》，《读书》2004年第4期，第97－106页。

意识里认为自己的判断或行为是正确的，教育好孩子是“水到渠成”的。由于家长缺乏与自己相处的智慧，不能正确认识自己，看似“科学”的教育却往往在实践中“搁浅”。

高学历的家长一般认为自己学历高、见识多、有丰富的专业知识，往往以自己为标准，对孩子提出不切实际的过高期望；或者只注重对孩子学习能力的培养，把学习当成了孩子生活的全部，却忽视了对孩子做人的教育。另外，高学历的家长很多时候因为工作原因没有时间照顾孩子，与孩子之间缺乏沟通与交流，可能会造成孩子性格的孤僻。每一个专业都有自己的界限，高学历的家长在自己的专业领域内也许是翘楚，但并不代表在教育领域、在教育孩子方面同样是专业的。

2. 打着“为孩子好”的名义教育孩子

很多时候，家长意识不到“孩子是一个独立的完整个体，有自己的独立思想和独立人格”，总是打着“为孩子好”的名义，强迫孩子去实现自己不曾实现的梦想：弹钢琴、学舞蹈、会画画、能唱歌，成绩要名列前茅，未来要上“985”“211”。实际上，至于何谓“为孩子好”，“好”的判断标准是什么，家长并没有理性的思考，也缺乏正确教育理念的引导。

对于家长来说，树立正确的家庭教育理念是“认识自己”的主要内容之一，也是家长与自己相处的智慧。先进的教育理念能反映教育的本质，因为它是关于教育的应然状态的判断，是渗透了人们对教育的价值取向或价值倾向的“好教育”观念。“好教育”不应附加太多的功利色彩，家庭教育的本质就是培养孩子学会做人，做一个有责任、有爱心、热爱劳动、有健全人格的人。家长的职责就是呵护浇灌，助其成长，而不是预设孩子的未来，代替孩子成长。

3. 尊重信任孩子仅停留于形式

尊重信任孩子体现的是家长与他人相处的智慧。深刻的尊重基于了解，只有了解孩子的真实需求、兴趣与爱好所在，才能尊重孩子的选择与判断；只有放手让孩子自己做事情，把责任交给孩子，才是对孩子真正的信任。尊重信任是良好人际关系的需要，亲子关系也是如此。

有些家长对朋友、同事能做到这一点，但对自己的孩子，特别是年幼的孩子却办不到。因为他们潜意识中只有孩子尊重信任家长，丝毫没有“家长应尊重信任孩子”这根弦。这其中既有根深蒂固的家长制观念的影响，也与其自身原生家庭的生活经历有关。即使一些开明的家长，在尊重与信任孩子的问题上，也仅停留于形式，比如，摆出尊重的态度鼓励孩子做出自己的选择，却又通过各种方式指向成人已经预设好的结果；鼓励孩子勇敢探索，却又习惯于做“裁判”，对孩子的行为“指指点点”。这种形式上的尊重与信任，可能会伤害孩子的自尊心，降低孩子的自信心，导致孩子不愿意与家长沟通，亲子关系也受到影响。

4．对陪伴孩子的重要性认识不足

良好的亲子关系是建立在高质量陪伴基础上的。高质量的陪伴，是家长言传身教的示范，也是润物细无声的生活智慧。许多孩子的最大愿望就是家长能多陪陪自己，但事实上，年轻的家长在工作、生活等多重压力下并没有认识到陪伴的重要性，对孩子的陪伴也经常走入误区。误区之一是陪伴流于形式。家长在孩子身边，但并没有真正参与到孩子的活动中，有时与孩子的交流也是敷衍了事、心不在焉。

误区之二是陪伴的“异化”。这种“异化”表现在两方面：一方面，有的家长是全职妈妈（爸爸），对孩子是高度保护、过度干预，孩子几乎没有自己的时间，每一天都被安排得事无巨细。这种陪伴变成了控制，家长辛苦，孩子也失去了自己选择的机会和发展的空间。另一方面，用物质来弥补时间的缺乏。有的家长无法亲自陪伴孩子，只能在物质上进行弥补，从而寻求内心的平衡。其实，高质量的陪伴不在于时间多寡，更在于质量，在于陪伴过程中的尊重、信任、理解、参与、倾听与互动，这才是高质量陪伴的核心所在。

5．忽视对孩子解决问题能力的培养

发现、分析与解决问题的能力是孩子生活智慧的主要表现。当孩子有疑问时，是积极耐心引导还是置之不理；当孩子遇到困难时，是大胆放手让孩子尝试，还是事无巨细诸事代劳。家长不同的选择影响着孩子思维能力的发展，而思维能力是整个生活智慧的核心，参与、支配着一切智力活动。

人的生活智慧来自于人的生活实践，在解决生活实践中一系列问题和矛盾的过程中生成与创造。但家长有时却剥夺了孩子“做事”的机会，取消了孩子开展实践活动的时间与空间，自然也无法让孩子在“做事”中生成智慧，也难以在实践活动中培养孩子的意志品质、道德行为、道德习惯与思维能力。

二、家庭教育缺乏生活智慧的原因

家庭教育缺乏生活智慧有多方面的原因，既有社会和历史的原因，也有家长自身因素的制约。归结起来，造成家庭教育缺乏生活智慧的原因主要有以下三个方面。

1. 不良社会风气影响

社会风气是社会政治、经济、文化综合的反映，也是人们的社会心理和社会行为的综合表现。随着社会的变迁、多元文化的侵袭，不良社会风气也趁机滋长，如家长为孩子发动各种关系网络投票，为择校而千方百计"走后门"，"手机保姆"代替家长陪伴孩子，"不好好上学就去扫大街"等错误价值观的引导。有些家长可能会选择向现实妥协，向世风低头，无论是"妥协"还是"低头"，这都成为影响家长生活智慧生成的因素。

在短期内，家长也许会有一种"成就感"：孩子通过人脉拉票得了冠军、通过"关系"上了心仪的学校、孩子不再缠人变得听话了，但这其实是一种短视的行为，是家长对"自我认知"与"亲子关系"的一种错误理解。这样不仅误导了孩子的价值观，容易导致孩子养成依赖的习惯，责任感严重缺失，也会破坏亲子之间的感情，影响孩子的社交能力，得不偿失。

2. 学校指导服务不足

家庭教育指导是教师的义务和职责。《中华人民共和国教育法》就明确规定"学校、教师可以对学生家长提供家庭教育指导"。《江苏省家庭教育促进条例》也明确指出：幼儿园、中小学、中等职业学校应当建立健全家庭教育指导工作制度，建立家庭教育指导工作队伍，开展家庭教育指导活动，将家庭教育指导工作纳入教职工业务培训内容；应当了解未成年人家庭教育情况，指导未成年人父母或者其他监护人掌握科学的家庭教育方法。

但由于家长对家庭指导服务的需求具有多样性，"在众多问题中，有家长对子女教育内容上的偏差，有教育方法上的不得当，有教育态度上的不注意和教育观念上的不适应"①。学校指导服务能力严重不足，家长的育儿水平提升、亲子关系的建立等生活智慧更多来源于生活经验，学校的专业性支持仍然有限。

---

① 李洪曾：《幼儿家庭教育指导》，北京师范大学出版社2001年版，第72页。

3. 家长学习重视不够

家长的生活智慧既是思辨性的，也是经验性的，它的生成需要大量生活经验和学习经验的积累、感悟和改造，因此，家长的学习成长必然有助于生活智慧的生成，进而带来孩子的成长与转变，也会促进家庭建设的发展，这是一个良性循环的过程。

然而，很多时候家长都是在要求孩子要努力、要进步，自己却只是"言教"或袖手旁观，只是孩子成长的见证者，却没有主动成为陪孩子一起成长的参与者。"孩子都是看着家长的背影成长起来的"，家长是孩子的长辈，但并非是孩子天然的教育者。家长对孩子的教育，是在自己主动学习的动态过程中完成的。如果家长对学习不够重视，不去主动学习家庭教育的有关知识、提升家庭教育的水平，或者无法在价值多元的社会背景下保持独立的思考和判断，又何谈创造生活智慧？

第三节　让生活智慧引领家庭教育

从家庭教育的角度看，生活智慧的产生是直面生命的结果，它来源于家长对儿童的生命成长、生活实践的体悟和理解，来源于家长的生活经验和学习经验。家庭教育需要生活智慧，需要依托生活智慧的力量来提升家庭教育的品质、促进家庭教育的有效实施。

一、生活智慧的力量

家庭教育中的生活智慧主要体现为生命与生命的对话，随之生活智慧也产生了特有的力量，具体表现在如下几个方面。

1. 对自我成长的反思能力

时代在发展，社会在进步，家长也要与孩子一起自我成长。儿童的发展是有阶段性差异的，它需要家长不断提高认识水平，阶段性地对自己的家教思想、观念、行为进行反思，从中发现问题与不足，及时通过读书、学习提高自己的素质。

反思能力的大小取决于家长的敏感度，即对社会转型的敏感，对生命成长与发展变化的敏感，对孩子关键期行为表现的敏感，对各种家教理论和思想的敏感。反思能力的对象是家庭教育实践、生活经验、生活智慧以及相关的各种家教理论、思想。家长反思能力的增强最终会形成新的实践行为和实践智慧，进而产生新的家庭教育的个性化理念和思想。

2. 对亲子关系的理解能力

以家庭教育特有的传统、生活方式和思维方式对儿童的生命成长与发展进行理解与阐释，是生活智慧的特殊功能，在生活中教育，在教育中生活，它使生活智慧拥有了强大的解释能力和理解能力。

生活智慧的理解能力体现在亲子关系上，更多是关注亲子相互之间情感、价值的沟通与共鸣，强调民主、平等、尊重、信任的关系的确立。它通过对亲子关系的特点、亲子关系对孩子社会化发展的认识，揭示了亲子关系之于家庭教育的育人效应，并将家庭教育的“正确性”与“有效性”相区别，进而表明亲子关系在家庭关系中的基础性作用。

3. 对教育资源的转化能力

当前，家长可资利用的教育资源异常丰富，既有无形的，也有有形的。特别是网络教育资源，更是涵盖了人文科学与自然科学的各个学科领域，这为家长借鉴利用相关家庭教育思想与方法提供了极大的便利。然而，教育资源的丰富性并不必然等同于家长育儿的高水平，而运用生活智慧，能将其他领域、学科的资源转化为自己的思想与观念，这才是我们追求的目标。

换言之，生活智慧的力量体现在如何使用别人的资源为我所用。另外，这种转化的力量还体现在家庭教育理论与育儿实践的互动关系上，即实现家庭教育理论在生活实践中的落地以及生活实践向理论的升华。家庭教育的生活智慧就是能够在理论与实践之间实现双向互动、双向建构的交融转换式的智慧。

4. 对教育问题的解决能力

家庭教育需要生活智慧，这不是要懂得多少知识，能讲多少理论，而是解决实际教育问题的能力。当孩子不好好吃饭、不愿意上幼儿园、与同伴发生冲突或是在成长过程中出现各种各样问题的时候，生活智慧能够帮助家长分析判断问题的成因，进而采取适切性的方法解决问题，这也是学以致用的要义所在。家长在日常生活中敢于让孩子“做事”，敢于让孩子面对一些困难和挑战，让孩子多一些经历，多一些锻炼，这也有助于孩子解决问题能力的培养。

二、生活智慧引领家庭教育的几点建议

家长通过广泛积累和沉淀实践经验，经由反思、批判与理性思辨，提升到具有充分解释力和引领力、充满逻辑与智慧的理论高度，进而实现对家庭教育的正确指导和引领。因此，应从实践者的视角和眼光去把握家庭教育中生活智慧的意义和价值

1. 在与时俱进中勇于改进创新

生活智慧是要面对实践的，要面对新时代背景下科技进步、社会发展、新环境、新信息、新产品不断推陈出新的现实，这就要求家长不能“原地踏步”，要与时俱进，体现时代性。

与时俱进强调的是一种发展性思维，时代的发展变化，国家对家庭教育政策的变化，儿童在不同学段要达到的具体目标，家长与学校、社会、政府如何形成合力，这都决定了家长需要有与时俱进的学习能力，不断改进创新，才可能融入新的时代和社会，找到与孩子交流的共同语言，在家庭教育中有的放矢，做出科学的家庭教育决策，提高家庭教育的质量。

2. 在自觉反思中激发生命成长

“不求自我提醒的人，到最后只会落得退化的命运。”不管家长读了多少书，学了多少育儿方法，掌握了多少教育理念，如果不去反思教育方法与孩子的适切性如何，不去反思教育的“正确性”与“有效性”的关系，仅仅是对别人经验的照搬照抄，都可能会给孩子带来伤害与不良影响。

一个缺乏生活智慧的家长，很多时候是在众多的家教理论与经验中随波逐流，对事情的对与错、是与非缺乏正确的判断，也谈不上修正和成长。家长的反思应是自觉进行的，这不仅来自于家长的责任意识，而且来自于家长对自己角色的热爱，这种热爱是推动家长自觉反思的原动力，也是家长生命成长的重要途径。

3. 在以身作则中做好榜样示范

“是做好样子，还是喊破嗓子”，家长不同的价值取向会导致不同的育儿效应。想要在孩子心目中树立权威，想让自己的“言传”发挥一定的作用，家长首先要做的就是以身作则，为孩子树立良好的榜样。如果只是“喊破嗓子”，却没有“做好样子”，孩子就会觉得这件事没有那么重要，也不会继续坚

持，而且会影响家长在孩子心目中的权威——你还是先管好自己再来教育我吧。

家长给予孩子的应是生活的大智慧，而不是小聪明。无论是生活细节还是人际交往，如果家长乱扔垃圾、随地吐痰、对人没礼貌，那么之前对孩子再多的“喊破嗓子”都是无效的，只有以身作则的生活智慧才是大智慧，才是家庭教育首要的基本的原则。

总之，家庭教育需要生活智慧，生活智慧也引领着家庭教育的和谐健康发展。无论是家长自我认知的生活智慧，还是建立良好亲子关系的生活智慧，家长的学习、生活经验始终是其生成的动力与源泉。因此，家庭教育中生活智慧的生成是家长学习的结果，是家长自觉反思、不断成长的结果，而家长的成长终会滋养孩子的成长。毕竟，唯一合理的教育方法就是做出榜样。

结　语

今天我们如何做家长？这看似是一个关于家庭教育方法的问题，其实还涉及家庭教育思想、家庭教育理念、家庭教育智慧等方面的问题。如果只是局限在方法的选择上，或说服教育、榜样示范，或言传身教、奖励惩罚，或生活实践、阅读经典，而忽略了孩子的身心发展特点与规律、年龄阶段及个性特征，所谓的"好方法"可能会让家长一筹莫展：别人家的孩子用这个方法效果挺好，我用了怎么行不通啊？这个方法对老大很管用，但在老二身上竟然完全"失效"？

这种对家庭教育方法的痴迷，其实忽略了两个方面的内容，一是对"我们要培养什么样的孩子"缺乏清晰的认识，即培养目标；二是教育思想、教育理念的匮乏。培养目标更多是指"去哪儿"，教育思想、教育理念指的是"什么样的路可行"，家庭教育方法指的是"怎样去那儿"。可以看出，唯有方向清晰、道路正确、方法可行，这样的家庭教育才有针对性，也才有效果。

但遗憾的是，我们很多家长虽然承担着家庭教育的主要任务，但并不具备一定的家庭教育知识，家庭教育能力还相当有限，家庭教育水平尚需提升。他们在"想做"与"能做"之间，教育的"愿为"与"有为"之间还充满了太多的无助与无奈，理想与现实之间的冲突与矛盾还经常困扰着家长们。"想做"是一种理想，但"能做"对能力有一定的要求，"愿为"是一种态度，但"有为"却考验着家长的教育智慧。对家庭教育能力与教育智慧的要求，也让一些家长感到了"为人父母的无能为力"[①]：

我能给你生命，但不能替你生活；

我能教你很多东西，但不能强迫你学习。

我能指挥你，但不能永远给你指明方向。

---

① 关玉国、周桂强：《人生箴言录》，上海科学普及出版社2007年版，第128—129页。

我能给你自由，但不能为你在自由之下所做的事情负责。

我能教你分清对错，但不能替你作决定。

我能为你买漂亮的衣服，但不能美化你的内心。

我能给你忠告，但不能替你实践。

我能给你爱，但不能强迫你接受它。

我能教会你分享，但不能强迫你这么做。

我能告诉你什么是尊重，但不能让你变得彬彬有礼。

我能建议你拥有好朋友，但不能你替你选择。

我能告诉你学习的重要性，但不能替你上课。

我能对你进行性教育，但不能使你保持纯洁。

我能告诉你吸烟的危害性，但不能替你说“不”。

我能提醒你远离毒品，但不能避免你接触它们。

我能告诉你人要有远大的目标，但不能替你实现它。

我能告诉你美德的重要性，但不能让你成为高尚的人。

我能告诉你生命是什么，但不能给你永恒的生命。

这首诗在一定程度上也表达了家长并不是“万能”的，也可以说，教育好孩子，家长、学校、社会、政府都有责任。但家庭教育实施的主体还是家长，正是家长竭尽所“能”让孩子对生命、生活、自由、安全感、幸福、爱与分享、尊重、友谊等有了最初的体验与感受，给孩子打下了良好的学习与发展的基础。缺乏这种基础，你会发现我们辛辛苦苦为孩子铺就的人生之路并不是那么顺畅，你绞尽脑汁为孩子选择的发展目标并不是那么容易实现。犹如盖楼，没有打好地基，后期无论在上面盖多么漂亮的房子，都难免摇摇欲坠。

如果你发现孩子在小学高年级、初中或高中出现了厌学、人际交往障碍等心理问题，我们可以由果溯因，这可能是家庭环境的问题和家长不当的教育方式所致。换句话说，孩子在成长历程中出现的很多问题，其实都是儿童时期家长的“不作为”或错误的教养方式在若干年之后的映射。

“早知道……”“如果能回到过去……”，很多时候当家长发现孩子并不是考北大、清华的“苗子”，也不能替自己实现所谓的“梦想”时，特别是当一些家长看到孩子走上极端的道路，更是追悔莫及，退而求其次，“只要平安就好”“健健康康我就满足了”。这种迟来的醒悟有点迟，养育没有“后悔药”可吃，但也进一步说明了家庭教育在儿童早期的重要性。如果孩子自幼感受不到安全感；体会不到父母的亲情，没有家庭的呵护，缺乏必要的情绪指导，没有建立良好的行为习惯，可想而知，孩子的未来会是怎样！

孩子的未来如何，这个话题可能比较遥远，但我们可以有一个基本的预测。孩子出生后的世界对他来说是一种全新的场景，很多时候他并不知道自己应该怎么做。但孩子天生具有模仿能力，他在观察周围的人，他在学习周围的人是“如何做的”，家长的一举一动都成为孩子模仿学习的对象，从这个角度来讲，家长的以身作则、言传身教基本上决定了自己孩子的未来。

几乎没有哪一个家长不希望孩子有一个成功、幸福的未来，但成功、幸福的未来肯定不是家长给予孩子的，而是要培养孩子面对困难时的乐观、面对挫折时的坚强、面对不良情绪时的控制、面对心理问题时的健全人格，这正是对未来奠定良好基础的家庭教育。要做到这一点，家长要实现思维方式的转型，要回到原点思考家庭教育的基本价值，树立正确的家庭教育理念，而这也是家庭教育有效实施的前提与基础。

家庭教育是一门艺术，作为艺术，一般指有效地从事某种活动的“富有创造性的方式方法”。而家庭教育之所以是艺术，更在于艺术的一个重要品质：艺术直抵心灵①。正是家长对孩子的细心、耐心、爱心、用心与责任心，家长才能走进孩子的内心，家庭教育才能事半功倍，做一名合格的家长才有可能。在家庭教育这门艺术里，谁都不是天生的教育行家，每个家庭都有自己的“育儿经”，每个家庭也都有自己的“教育心得”。家长教育孩子的过程，其实也是家长与孩子相互学习、共同成长的过程。

今天我们如何做家长，对于每一位家长而言，这都是必须面对、必须思考的主题。无论时代如何变迁，无论生活如何变化，作为家长，都要勇于面对现实，敢于承担责任，善于解决问题，勤于总结经验。如此，这才是“做家长”应有的成熟之道，也是家长应拥有的生活智慧。

① 姜广平：《不做旁观者》，福建教育出版社 2018 年版，第 239 页。

附　录

中华人民共和国家庭教育促进法

（2021年10月23日第十三届全国人民代表大会常务委员会第三十一次会议通过）

第一章　总　　则

第一条　为了发扬中华民族重视家庭教育的优良传统，引导全社会注重家庭、家教、家风，增进家庭幸福与社会和谐，培养德智体美劳全面发展的社会主义建设者和接班人，制定本法。

第二条　本法所称家庭教育，是指父母或者其他监护人为促进未成年人全面健康成长，对其实施的道德品质、身体素质、生活技能、文化修养、行为习惯等方面的培育、引导和影响。

第三条　家庭教育以立德树人为根本任务，培育和践行社会主义核心价值观，弘扬中华民族优秀传统文化、革命文化、社会主义先进文化，促进未成年人健康成长。

第四条　未成年人的父母或者其他监护人负责实施家庭教育。国家和社会为家庭教育提供指导、支持和服务。国家工作人员应当带头树立良好家风，履行家庭教育责任。

第五条　家庭教育应当符合以下要求：

（一）尊重未成年人身心发展规律和个体差异；

（二）尊重未成年人人格尊严，保护未成年人隐私权和个人信息，保障未成年人合法权益；

（三）遵循家庭教育特点，贯彻科学的家庭教育理念和方法；

（四）家庭教育、学校教育、社会教育紧密结合、协调一致；

（五）结合实际情况采取灵活多样的措施。

第六条 各级人民政府指导家庭教育工作，建立健全家庭学校社会协同育人机制。县级以上人民政府负责妇女儿童工作的机构，组织、协调、指导、督促有关部门做好家庭教育工作。教育行政部门、妇女联合会统筹协调社会资源，协同推进覆盖城乡的家庭教育指导服务体系建设，并按照职责分工承担家庭教育工作的日常事务。县级以上精神文明建设部门和县级以上人民政府公安、民政、司法行政、人力资源和社会保障、文化和旅游、卫生健康、市场监督管理、广播电视、体育、新闻出版、网信等有关部门在各自的职责范围内做好家庭教育工作。

第七条 县级以上人民政府应当制定家庭教育工作专项规划，将家庭教育指导服务纳入城乡公共服务体系和政府购买服务目录，将相关经费列入财政预算，鼓励和支持以政府购买服务的方式提供家庭教育指导。

第八条 人民法院、人民检察院发挥职能作用，配合同级人民政府及其有关部门建立家庭教育工作联动机制，共同做好家庭教育工作。

第九条 工会、共产主义青年团、残疾人联合会、科学技术协会、关心下一代工作委员会以及居民委员会、村民委员会等应当结合自身工作，积极开展家庭教育工作，为家庭教育提供社会支持。

第十条 国家鼓励和支持企业事业单位、社会组织及个人依法开展公益性家庭教育服务活动。

第十一条 国家鼓励开展家庭教育研究，鼓励高等学校开设家庭教育专业课程，支持师范院校和有条件的高等学校加强家庭教育学科建设，培养家庭教育服务专业人才，开展家庭教育服务人员培训。

第十二条 国家鼓励和支持自然人、法人和非法人组织为家庭教育事业进行捐赠或者提供志愿服务，对符合条件的，依法给予税收优惠。国家对在家庭教育工作中做出突出贡献的组织和个人，按照有关规定给予表彰、奖励。

第十三条 每年5月15日国际家庭日所在周为全国家庭教育宣传周。

第二章　家庭责任

第十四条　父母或者其他监护人应当树立家庭是第一个课堂、家长是第一任老师的责任意识，承担对未成年人实施家庭教育的主体责任，用正确思想、方法和行为教育未成年人养成良好思想、品行和习惯。共同生活的具有完全民事行为能力的其他家庭成员应当协助和配合未成年人的父母或者其他监护人实施家庭教育。

第十五条　未成年人的父母或者其他监护人及其他家庭成员应当注重家庭建设，培育积极健康的家庭文化，树立和传承优良家风，弘扬中华民族家庭美德，共同构建文明、和睦的家庭关系，为未成年人健康成长营造良好的家庭环境。

第十六条　未成年人的父母或者其他监护人应当针对不同年龄段未成年人的身心发展特点，以下列内容为指引，开展家庭教育：(一) 教育未成年人爱党、爱国、爱人民、爱集体、爱社会主义，树立维护国家统一的观念，铸牢中华民族共同体意识，培养家国情怀；

(二) 教育未成年人崇德向善、尊老爱幼、热爱家庭、勤俭节约、团结互助、诚信友爱、遵纪守法，培养其良好社会公德、家庭美德、个人品德意识和法治意识；

(三) 帮助未成年人树立正确的成才观，引导其培养广泛兴趣爱好、健康审美追求和良好学习习惯，增强科学探索精神、创新意识和能力；

(四) 保证未成年人营养均衡、科学运动、睡眠充足、身心愉悦，引导其养成良好生活习惯和行为习惯，促进其身心健康发展；

(五) 关注未成年人心理健康，教导其珍爱生命，对其进行交通出行、健康上网和防欺凌、防溺水、防诈骗、防拐卖、防性侵等方面的安全知识教育，帮助其掌握安全知识和技能，增强其自我保护的意识和能力；

(六) 帮助未成年人树立正确的劳动观念，参加力所能及的劳动，提高生活自理能力和独立生活能力，养成吃苦耐劳的优秀品格和热爱劳动的良好习惯。

第十七条　未成年人的父母或者其他监护人实施家庭教育，应当关注未成年人的生理、心理、智力发展状况，尊重其参与相关家庭事务和发表意见的权利，合理运用以下方式方法：

（一）亲自养育，加强亲子陪伴；

（二）共同参与，发挥父母双方的作用；

（三）相机而教，寓教于日常生活之中；

（四）潜移默化，言传与身教相结合；

（五）严慈相济，关心爱护与严格要求并重；

（六）尊重差异，根据年龄和个性特点进行科学引导；

（七）平等交流，予以尊重、理解和鼓励；

（八）相互促进，父母与子女共同成长；

（九）其他有益于未成年人全面发展、健康成长的方式方法。

第十八条 未成年人的父母或者其他监护人应当树立正确的家庭教育理念，自觉学习家庭教育知识，在孕期和未成年人进入婴幼儿照护服务机构、幼儿园、中小学校等重要时段进行有针对性的学习，掌握科学的家庭教育方法，提高家庭教育的能力。

第十九条 未成年人的父母或者其他监护人应当与中小学校、幼儿园、婴幼儿照护服务机构、社区密切配合，积极参加其提供的公益性家庭教育指导和实践活动，共同促进未成年人健康成长。

第二十条 未成年人的父母分居或者离异的，应当相互配合履行家庭教育责任，任何一方不得拒绝或者怠于履行；除法律另有规定外，不得阻碍另一方实施家庭教育。

第二十一条 未成年人的父母或者其他监护人依法委托他人代为照护未成年人的，应当与被委托人、未成年人保持联系，定期了解未成年人学习、生活情况和心理状况，与被委托人共同履行家庭教育责任。

第二十二条 未成年人的父母或者其他监护人应当合理安排未成年人学习、休息、娱乐和体育锻炼的时间，避免加重未成年人学习负担，预防未成年人沉迷网络。

第二十三条 未成年人的父母或者其他监护人不得因性别、身体状况、智力等歧视未成年人，不得实施家庭暴力，不得胁迫、引诱、教唆、纵容、利用未成年人从事违反法律法规和社会公德的活动。

第三章　国家支持

第二十四条 国务院应当组织有关部门制定、修订并及时颁布全国家庭教育指导大纲。省级人民政府或者有条件的设区的市级人民政府应当组织有关部门编写或者采用适合当地实际的家庭教育指导读本，制定相应的家庭教育指导服务工作规范和评估规范。

第二十五条 省级以上人民政府应当组织有关部门统筹建设家庭教育信息化共享服务平台，开设公益性网上家长学校和网络课程，开通服务热线，提供线上家庭教育指导服务。

第二十六条 县级以上地方人民政府应当加强监督管理，减轻义务教育阶段学生作业负担和校外培训负担，畅通学校家庭沟通渠道，推进学校教育和家庭教育相互配合。

第二十七条 县级以上地方人民政府及有关部门组织建立家庭教育指导服务专业队伍，加强对专业人员的培养，鼓励社会工作者、志愿者参与家庭教育指导服务工作。

第二十八条 县级以上地方人民政府可以结合当地实际情况和需要，通过多种途径和方式确定家庭教育指导机构。家庭教育指导机构对辖区内社区家长学校、学校家长学校及其他家庭教育指导服务站点进行指导，同时开展家庭教育研究、服务人员队伍建设和培训、公共服务产品研发。

第二十九条 家庭教育指导机构应当及时向有需求的家庭提供服务。对于父母或者其他监护人履行家庭教育责任存在一定困难的家庭，家庭教育指导机构应当根据具体情况，与相关部门协作配合，提供有针对性的服务。

第三十条 设区的市、县、乡级人民政府应当结合当地实际采取措施，对留守未成年人和困境未成年人家庭建档立卡，提供生活帮扶、创业就业支持等关爱服务，为留守未成年人和困境未成年人的父母或者其他监护人实施家庭教育创造条件。教育行政部门、妇女联合会应当采取有针对性的措施，为留守未成年人和困境未成年人的父母或者其他监护人实施家庭教育提供服务，引导其积极关注未成年人身心健康状况、加强亲情关爱。

第三十一条 家庭教育指导机构开展家庭教育指导服务活动，不得组织或者变相组织营利性教育培训。

第三十二条 婚姻登记机构和收养登记机构应当通过现场咨询辅导、播放宣传教育片等形式，向办理婚姻登记、收养登记的当事人宣传家庭教育知识，提供家庭教育指导。

第三十三条 儿童福利机构、未成年人救助保护机构应当对本机构安排的寄养家庭、接受救助保护的未成年人的父母或者其他监护人提供家庭教育指导。

第三十四条 人民法院在审理离婚案件时，应当对有未成年子女的夫妻双方提供家庭教育指导。

第三十五条 妇女联合会发挥妇女在弘扬中华民族家庭美德、树立良好家风等方面的独特作用，宣传普及家庭教育知识，通过家庭教育指导机构、社区家长学校、文明家庭建设等多种渠道组织开展家庭教育实践活动，提供家庭教育指导服务。

第三十六条 自然人、法人和非法人组织可以依法设立非营利性家庭教育服务机构。县级以上地方人民政府及有关部门可以采取政府补贴、奖励激励、购买服务等扶持措施，培育家庭教育服务机构。教育、民政、卫生健康、市场监督管理等有关部门应当在各自职责范围内，依法对家庭教育服务机构及从业人员进行指导和监督。

第三十七条 国家机关、企业事业单位、群团组织、社会组织应当将家风建设纳入单位文化建设，支持职工参加相关的家庭教育服务活动。文明城市、文明村镇、文明单位、文明社区、文明校园和文明家庭等创建活动，应当将家庭教育情况作为重要内容。

第四章　社会协同

第三十八条 居民委员会、村民委员会可以依托城乡社区公共服务设施，设立社区家长学校等家庭教育指导服务站点，配合家庭教育指导机构组织面向居民、村民的家庭教育知识宣传，为未成年人的父母或者其他监护人提供家庭教育指导服务。

第三十九条 中小学校、幼儿园应当将家庭教育指导服务纳入工作计划，作为教师业务培训的内容。

第四十条 中小学校、幼儿园可以采取建立家长学校等方式，针对不同年龄段未成年人的特点，定期组织公益性家庭教育指导服务和实践活动，并及时联系、督促未成年人的父母或者其他监护人参加。

第四十一条 中小学校、幼儿园应当根据家长的需求，邀请有关人员传授家庭教育理念、知识和方法，组织开展家庭教育指导服务和实践活动，促进家庭与学校共同教育。

第四十二条 具备条件的中小学校、幼儿园应当在教育行政部门的指导下，为家庭教育指导服务站点开展公益性家庭教育指导服务活动提供支持。

第四十三条 中小学校发现未成年学生严重违反校规校纪的，应当及时制止、管教，告知其父母或者其他监护人，并为其父母或者其他监护人提供有针对性的家庭教育指导服务；发现未成年学生有不良行为或者严重不良行为的，按照有关法律规定处理。

第四十四条 婴幼儿照护服务机构、早期教育服务机构应当为未成年人的父母或者其他监护人提供科学养育指导等家庭教育指导服务。

第四十五条 医疗保健机构在开展婚前保健、孕产期保健、儿童保健、预防接种等服务时，应当对有关成年人、未成年人的父母或者其他监护人开展科学养育知识和婴幼儿早期发展的宣传和指导。

第四十六条 图书馆、博物馆、文化馆、纪念馆、美术馆、科技馆、体育场馆、青少年宫、儿童活动中心等公共文化服务机构和爱国主义教育基地每年应当定期开展公益性家庭教育宣传、家庭教育指导服务和实践活动，开发家庭教育类公共文化服务产品。广播、电视、报刊、互联网等新闻媒体应当宣传正确的家庭教育知识，传播科学的家庭教育理念和方法，营造重视家庭教育的良好社会氛围。

第四十七条 家庭教育服务机构应当加强自律管理，制定家庭教育服务规范，组织从业人员培训，提高从业人员的业务素质和能力。

第五章　法律责任

第四十八条 未成年人住所地的居民委员会、村民委员会、妇女联合会，未成年人的父母或者其他监护人所在单位，以及中小学校、幼儿园等有关密切接触未成年人的单位，发现父母或者其他监护人拒绝、怠于履行家庭教育责任，或者非法阻碍其他监护人实施家庭教育的，应当予以批评教育、劝诫制止，必要时督促其接受家庭教育指导。未成年人的父母或者其他监护人依法委托他人代为照护未成年人，有关单位发现被委托人不依法履行家庭教育责任的，适用前款规定。

第四十九条 公安机关、人民检察院、人民法院在办理案件过程中，发现未成年人存在严重不良行为或者实施犯罪行为，或者未成年人的父母或者其他监护人不正确实施家庭教育侵害未成年人合法权益的，根据情况对父母或者其他监护人予以训诫，并可以责令其接受家庭教育指导。

第五十条 负有家庭教育工作职责的政府部门、机构有下列情形之一的，由其上级机关或者主管单位责令限期改正；情节严重的，对直接负责的主管人员和其他直接责任人员依法予以处分：

（一）不履行家庭教育工作职责；

（二）截留、挤占、挪用或者虚报、冒领家庭教育工作经费；

（三）其他滥用职权、玩忽职守或者徇私舞弊的情形。

第五十一条 家庭教育指导机构、中小学校、幼儿园、婴幼儿照护服务机构、早期教育服务机构违反本法规定，不履行或者不正确履行家庭教育指导服务职责的，由主管部门责令限期改正；情节严重的，对直接负责的主管人员和其他直接责任人员依法予以处分。

第五十二条 家庭教育服务机构有下列情形之一的，由主管部门责令限期改正；拒不改正或者情节严重的，由主管部门责令停业整顿、吊销营业执照或者撤销登记：

（一）未依法办理设立手续；

（二）从事超出许可业务范围的行为或作虚假、引人误解宣传，产生不良后果；

（三）侵犯未成年人及其父母或者其他监护人合法权益。

第五十三条 未成年人的父母或者其他监护人在家庭教育过程中对未成年人实施家庭暴力的，依照《中华人民共和国未成年人保护法》、《中华人民共和国反家庭暴力法》等法律的规定追究法律责任。

第五十四条 违反本法规定，构成违反治安管理行为的，由公安机关依法予以治安管理处罚；构成犯罪的，依法追究刑事责任。

第六章　附　　则

第五十五条 本法自 2022 年 1 月 1 日起施行。

参考文献

[1] 阿尔多特.养育孩子,一场温暖的修行[M].杜蕾蕾,译.北京:华夏出版社,2013.

[2] 北京师范大学家庭教育课题组.1岁孩子　1岁父母[M].北京:现代教育出版社,2017.

[3] 北京市教育科学研究所.陈鹤琴教育文集(上卷)[M].北京:北京出版社,1983.

[4] 北京市教育科学研究所.陈鹤琴全集(第四卷)[M].南京:江苏教育出版社,1991.

[5] 布罗日克.价值与评价[M].李志林,盛宗范,译.上海:知识出版社,1988.

[6] 陈桂生."教育学视界"辨析[M].上海:华东师范大学出版社,1997.

[7] 陈鹤琴.家庭教育:怎样教小孩[M].北京:中国致公出版社,2001.

[8] 陈鹤琴.家庭教育[M].2版.上海:华东师范大学出版社,2013.

[9] 陈鹤琴.家庭教育与父母教育[M].2版.上海:上海人民出版社,2016.

[10] 陈艳荣.幼儿挫折教育研究[D].大连:辽宁师范大学,2011.

[11] 邓佐君.家庭教育学[M].3版.福州:福建教育出版社,2013.

[12] 董宝良.陶行知教育论著选[M].北京:人民教育出版社,2015.

[13] 董奇,边玉芳.教育心理学[M].杭州:浙江教育出版社,2009.

[14] 杜威.民主主义与教育[M].王承绪,译.北京:人民教育出版社,2001.

[15] 方明.陶行知名篇精选:教师版[M].北京:教育科学出版社,2006.

[16] 费鲁奇.孩子是个哲学家:重新发现孩子,重新发现自己[M].张晶,译.上海:上海社会科学院出版社,2016.

[17] 弗雷德里克斯.提高学生学习专注力的8个方法:打造深度学习课堂[M].宋伟,译.北京:中国青年出版社,2015.

[18] 高尔基.高尔基论青年[M].巴拉巴诺维奇,维诺格拉多娃编.孟昌,译.北京:中国青年出版社,1956.
[19] 戈特曼,崔成爱,赵碧.孩子,你的情绪我在乎:为我亲爱的宝贝情绪管理训练[M].李桂花,译.北京:东方出版社,2018.
[20] 关颖.家庭教育是什么:家长学习读本[M].广州:广东教育出版社,2018.
[21] 哈德克.意志的力量[M].杜梦臻,译.石家庄:河北人民出版社,2014.
[22] 韩延明.理念、教育理念及大学理念探析[J].教育研究,2003(9):50-56.
[23] 胡晓珊.中国师范教育价值取向研究[D].成都:四川师范大学,2020.
[24] 敬永和.现代思想政治工作辞典[M].上海:上海人民出版社,1990.
[25] 卡斯特-察恩.每个孩子都能学好规矩[M].陈素幸,译.2版.北京:中信出版社,2012.
[26] 凯特帕.完美家长优化内在、感染孩子的5种方法[M].桑颖颖,译.贵阳:贵州教育出版社,2017.
[27] 凯兹.与幼儿教师对话:迈向专业成长之路[M].廖凤瑞,译.南京:南京师范大学出版社,2004.
[28] 克里斯塔基斯.给孩子最好的成长力[M].王丽,译.北京:九州出版社,2017.
[29] 李洪曾.幼儿园家庭教育指导[M].北京:北京师范大学出版社,2001.
[30] 刘晶波等.幼儿园社会领域教育精要:关键经验与活动指导[M].北京:教育科学出版社,2015.
[31] 卢森堡.非暴力沟通实践篇[M].梁欣琢,译.南京:江苏人民出版社,2014.
[32] 卢艳春.教学理念向教学行为转化的内隐机制研究[D].徐州:江苏师范大学,2011.
[33] 罗增让,张昕.焦虑理论与诊断治疗策略[M].北京:人民出版社,2015.
[34] 洛夫.林间最后的小孩:拯救自然缺失症儿童[M].自然之友编译团队:郝冰,王西敏等环保志愿者,译.长沙:湖南科学技术出版社,2013.
[35] 吕静,周谷平.陈鹤琴教育论著选[M].北京:人民教育出版社,1994.
[36] 马罗茨,艾伦.儿童成长教养导图[M].岳盈盈,翟继强,译.北京:商务

印书馆,2018.
[37] 马斯洛. 存在心理学探索[M]. 李文湉,译. 昆明:云南人民出版社,1987.
[38] 马歇尔. 小肩膀有大担当:零压力管教法,还孩子承担责任的能力(全2册)[M]. 赵佳荟,译. 北京:华夏出版社,2015.
[39] 米尔腾伯格. 行为矫正:原理与方法[M]. 石林,等译. 5版. 北京:中国轻工业出版社,2015.
[40] 缪建东. 家庭教育学[M]. 2版. 北京:高等教育出版社,2015.
[41] 倪红. 美国证据关联性规则研究[D]. 苏州:苏州大学,2008.
[42] 庞丽娟,叶子. 论教师教育观念与教育行为的关系[J]. 教育研究,2000,21(7):47-50.
[43] 培恩. 简单教养经:如何有效管教不同阶段的孩子[M]. 时璇,译. 北京:北京联合出版公司,2018.
[44] 沙因费尔德,黑格,沙因费尔德. 我们都是探索者:在城市环境中运用瑞吉欧原则开展教学[M]. 屠筱青,戴俊毅,译. 南京:南京师范大学出版社,2014.
[45] 邵琪. 智慧教育史论[D]. 杭州:浙江大学,2019.
[46] 沈云浩,高德祥,潘继锋. 培养学生意志品质的实践与思考[J]. 上海教育科研,1995(5):43-45.
[47] 叔本华. 人生的智慧[M]. 张红玉,卢凯,译. 北京:台海出版社,2016.
[48] 斯波克,斯坦. 斯波克父母经[M]. 刘莹,译. 北京:中国妇女出版社,2018.
[49] 苏霍姆林斯基. 家长教育学[M]. 杜志英,等译. 北京:中国妇女出版社,1982.
[50] 特拉威克-史密斯. 儿童早期发展:基于多元文化视角(第5版)[M]. 鲁明易,张豫,张凤,译. 南京:南京师范大学出版社,2012.
[51] 沃德. 企业家金斯利给女儿的25封信[M]. 陶和英,译. 桂林:漓江出版社,1996.
[52] 先刚. 柏拉图与"智慧"[J]. 学术月刊,2014(2):49-57.
[53] 亚里士多德. 形而上学[M]. 吴寿彭,译. 北京:商务印书馆,1959.
[54] 晏红. 中国儿童情绪管理[M]. 2版. 北京:中国妇女出版社,2016.

[55] 尤佳.新媒体视域下中国当代育儿焦虑研究[D].保定:河北大学,2019.
[56] 张春兴.现代心理学:现代人研究自身问题的科学[M].3版.上海:上海人民出版社,2009.
[57] 赵敏.学校管理学[M].广州:广东高等教育出版社,2017.
[58] 赵忠心.最好的教养在家庭:赵忠心和年轻父母谈科学教养观[M].北京:北京理工大学出版社,2019.
[59] 中国教育学会家庭教育专业委员会,北京中教典韵教育科技研究院.中国家庭教育蓝皮书[M].长沙:湖南教育出版社,2018.
[60] 周治华.伦理学视阈中的尊重[D].上海:复旦大学,2007.
[61] 朱永新,孙云晓.科学,让家庭教育更有魅力[M].长沙:湖南教育出版社,2018.
[62] 朱智贤.儿童心理学[M].5版.北京:人民教育出版社,2009.
[63] 朱宗顺,陈文华.学前教育学[M].北京:北京师范大学出版社,2012.
[64] ACHENBACH T M. Manual for the child behavior checklist/4-18 and 1991 profile[M]. Burlington, VT: Department of Psychiatry, University of Vermont, 1991.
[65] HERBERT M. Clinical child psychology: social learning, development, and behaviour[M]. Chicheste: John Wiley & Sons, Incorporated, 1991.
[66] LICKONA T. Educating for character: how our schools can teach respect and responsibility[M]. New York: Bantam Books, 1991.
[67] ROFFEY S. School behaviour and families[M]. London: David Fulton Publishers, 2002.

后　记

推动摇篮的手，就是推动世界的手。

没有哪一个家长天生就是合格的，也没有哪一个家长不需要努力就可以在家庭教育的过程中游刃有余。当儿子刚出生的时候，也许是年轻，我还没有认识到应该如何做一名合格的家长，所以自己陪伴孩子的时间并不太多。更多的是忙于工作，忙于向前“赶路”，忙于实现一个个目标：优秀班主任、先进工作者……可唯独忽略了最需要陪伴的孩子，忽略了孩子重要的成长关键期。

当儿子慢慢学会了走路、说话，我也多是给孩子买一些玩具，兴趣来了逗一逗孩子，或者是应付式地陪陪孩子。现在回想起来，那时候的陪伴，缺乏用心；那时候的亲子活动，缺乏真正的投入。

当儿子上幼儿园的时候，我离家攻读硕士学位。那个时候我已经工作了9年，也许是想开阔一下自己的眼界，或者是心中那种永不服输的性格使然，我选择了继续读书。这条路有助于我自身的专业发展，让我看到了外面更精彩的世界，但同时也要选择远离孩子。当时的网络还不是很发达，电话那头只能听到儿子“想爸爸”的声音，却看不到孩子的面孔与表情。好不容易回家一趟，看到孩子欢天喜地地玩着我买来的玩具，我竟有一丝丝的遗憾：在孩子成长的过程中，父爱怎能缺席？

当儿子上小学的时候，我又到上海攻读博士学位。也许是应了那句话：当你踏上一条高速路的时候，你发现停不下来了。读博士，意味着又要离开孩子，意味着又要让父爱再次缺席。由于网络的发展，我们那时候已经可以视频连线。也许是当教师的缘故，我在视频中教儿子英语，给孩子补课。但我发现孩子并不喜欢这种方式，他更喜欢给我说些生活中、学习中的琐事。我也突然醒悟到家庭教育并不是学校教育的延伸，家长不能以教师教学生的标准作为评价自己孩子的标准，做好自己该做的事，把该做的事情做好，与学校教育、社会教育实现有效的互补才是明智的选择。除了学习以外，亲子之间应有其他更为丰富的内容。

如今回首往事，我更多的是遗憾，也有一点庆幸。遗憾的是在孩子最需要父爱的时候，在最需要陪伴的时候，我却远离孩子；在最需要家长参与的各种活动中，孩子只能羡慕地望着其他孩子的爸爸。庆幸的是孩子有一个优秀的妈妈，同样身为教师的她，家庭事业双肩挑，在扮演好一个母亲角色的同时，更多时候维护着父亲在孩子心目中的地位，为孩子描述着爸爸学习的辛苦、工作的敬业、为家庭的付出，也让我一直在孩子心目中保持着一种权威。

2011 年，我研究的重心转向学前教育，我有了更多的机会观察儿童，接触到很多年轻的家长，也对儿童的身心发展特点、身心发展规律有了较为清晰的理解。我认识到儿童的健康成长需要多元主体的责任，但家长应该承担什么角色？家庭教育应该如何有效开展？家庭教育的核心和根本是什么？带着这些问题，我研究的重心又开始转向家庭教育。

当我一次次接触到不同学段的家长，当我与家长沟通交流、跟踪访谈的时候，我发现，目前一些家长在家庭教育中存在的问题有些是多年悬而未决的老问题，有些是以前出现却没有得到重视的问题，也有的是在新的时代背景下出现的新问题、新现象。

家长是孩子的一面镜子，孩子出现的问题，其背后的根源是什么，是环境所致、同伴作用，还是家长自身的行为影响，抑或那其实不是问题，只是儿童成长过程中的正常现象。这都需要我们家长重新学习，理性审视，反躬自省。也只有重新思考我们家长的行为与孩子行为之间的关系，重新思考家长教育观念对孩子造成的影响，重新思考家长在家庭教育中的角色定位，这才是家长真正的觉醒，这才是儿童健康成长的基础保证。

2021年9月27日,国务院印发《中国儿童发展纲要(2021—2030年)》,特别强调要尊重儿童的人格尊严,遵循儿童身心发展特点和规律,保障儿童身心健康,促进儿童在德智体美劳各方面全面发展。儿童时期是人生发展的关键时期,家长素质的提升、家庭教育水平的提高将为儿童一生的发展奠定良好的基础。

毕竟,推动摇篮的手,就是推动世界的手!